大御所の後継者問題

加来耕三

MdN新書

045

はじめに

私事で恐縮ながら、企業経営者や二世（あるいは後継者）の集《つど》いにお招きいただくことがある。

ほかに、地方公共団体の幹部や新人の研修会など、いずれもテーマは「リーダーの条件」が圧倒的に多い。

このテーマを、後継者問題の面からとらえてみると、興味深いことに気がつく。

真に一流のリーダーは、いかなる組織にあっても、自らの出処進退のうち、とくに辞める時期を誤らなかった人、といえるかもしれないということ。

中国の古典『大学』に、次のような一節がある。

「物《もの》に本末《ほんまつ》あり、事《こと》に終始あり。先後《せんこう》する所を知れば、則《すなわ》ち道に近し」

何事にもはじめとおわりがあり、いかなるものにも本《もと》と末《すえ》とがある。

これは人生においても同じで、根本とすべきものと、そうでないものとがあり、何事をするにも何からはじめるか、最後はどのようにおわるか、はじめとおわりが重要である。

この本末前後を誤らないことが、成就《じょうじゅ》への近道である、との意となろうか。

組織のリーダー、トップとなる時、これにはいくつかの幸運がつきまとうものだ。

中でも、「時勢」の力は大きい。時流に乗り、勢いにまかせての他力本願は、かならず存在するものだ。だが、その座を去るときの決断は、本人以外にはできない。

優秀な経営者が晩節を汚《けが》すのは、生涯現役という幻想から、脱皮できなかった場合が少なくない。

結果、「もっと早くに退《しりぞ》いておれば……」という周囲の声を、失脚・失意のリーダーは聞くことになる。なぜ、優秀な人が辞める時期を逸《いっ》するのか。どこまでいってもキリのない経営の中で、もう少し、まだまだ、と自らに言い聞かせてきたことが多かったのではないか。

そのことの功罪は、あえて問うまい。けれども、人はかならずいつかは死ぬ。不死の人は存在しない。もし、優《すぐ》れたリーダー、トップが、すべての権限・人事を握ったまま、急死したらその組織はどうなるであろうか。おそらく瞬時にして、瓦解《がかい》してしまうに違いない。

中国・三国志の時代、天下を三分した一方の、蜀漢《しょっかん》帝国を任された〝宰相〟の諸葛孔明《しょかつこうめい》（諸葛亮《しょかつりょう》）は、先帝・劉備玄徳《りゅうびげんとく》の急死を受け、直前に迫った帝国崩壊の危機を、

「危急存亡の秋《とき》なり」（「前出師表《ぜんすいしのひょう》」）

と表現して、人々にその絶体絶命の窮地を訴えた。

一人の才覚にめぐまれた人物が、己《おの》れの知略と度胸で、一つの組織（国家を含む）を創りあげたとす

る。しかもこの人物は、なんでも自分がやらねば気がすまず、大きくなった組織全般を、かつての小さなレベルであった頃と同様に、総攬《そうらん》することをやめない。

方針を考え、決断するのは己れ一人で充分と、リーダーたる己れに自信を持ちすぎた彼は、当然のごとく、後継者の育成にもなんらの配慮をしていなかった。こうした人物が急死した時、その拡散した組織はどうなるであろうか。一般論としては、空中分裂をし、崩壊するしかなかった。

後継者が、ある時期から経営に加わり、その一翼を担っている組織には安心感がある。

もっとも、後継者はどのような人物であっても、百パーセントの支持が得られるわけではない。

とりわけ、創業者（あるいは〝中興の祖〟と呼ばれる人物）の次代となる人物は、大変である。

ことごとくを、先代と比較されるため、きわめて分《ぶ》（優劣・利害の程度）が悪い。

日本の九割近い企業は、後継者を身内（息子・娘婿《むすめむこ》・弟など親族）から選ぶ。できの悪い息子のことを〝不肖の息子〟〝豚児《とんじ》〟などというが、彼らの場合、父や役員の評価は、ことのほか先代に比べて辛《から》い。たとえば大学院を出て、しかるべき企業や銀行で経営を学んできたとする、すると、

「うちは、そんな大企業ではないから、もっと現場を……」

といわれ、では、大学卒業とともに入社したとすると、

「世間を知りませんので――」

とくる。これでは後継者はやっていけない。しかし、好むと好まざるとにかかわらず、「承継」を決

意したその志《こころざし》、決意には、心から拍手を贈りたい。

さて、問題はいかにして周囲の厳しい評価の目をかいくぐり、見事、名経営者となるか、である。本書のテーマは、まさにこれであった。

多くのジュニアは、実に、内心やる気があることに感動させられることが少なくない。が、半面、ほとんどの人が陥《おちい》っているのは、経営や「承継」といったものを、まるで歴史小説を読むかのように、理解しようとしている点である。

経営は、歴史小説のようにはいかない。なぜならば、飛躍するドラマが日常生活の中にはないからだ。日々、厳しい現実を一生懸命に生きて、企業の生き残りを図るトップに、感動の名場面などはそうそう現れるものではない。それらは後世の人の、評価にすぎない。

この日々の努力は、戦国時代であっても、なんら現代と変わるところはなかった。

本書は、そうした二代目、三代目以下、後継者のために参考になれば、と述べたものである。

歴史をひもとけば、二代にわたって、見事、「承継」を成功させた組織もあれば、父親が原因であるがゆえに、萎縮《いしゅく》してすべてを失った後継者もいた。功罪ともに、歴史に学ぶべきである。

本書は、どこから開いていただいても結構――。

目次の気になった先代―後継から、読みはじめていただければ、と思う。

大御所の後継者問題——目次

本文図版：株式会社ウエイド
本文校正：石井三夫
写真協力：福井県観光協会
写真AC
東京都立中央図書館
東京大学史料編纂所

第一章　先代の業績を堅実に受け継いだ承継者

〈一〉徳川家康➡秀忠　日本史上最強の理想的承継

理想の二代目

一つの〝家〟が約三百年、日本人に多大な影響を与えつづけた、という例が、少なくとも日本史には三つだけ存在した。

古代の天皇家、中世の藤原《ふじわら》氏、そして近世の徳川《とくがわ》氏である。

古代は伝説や神話が入りまじり、いささか歴史学的には検証しにくい。

残る二つの〝家〟を比べてみた場合、創業者の優秀さをあげる人は少なくない。

藤原（中臣《なかとみ》）鎌足《かまたり》と徳川家康――ただ、創業者が立派で持ちこたえられる〝家〟は、せいぜい百年が限度である、と筆者は判断してきた。

では、三百年の条件は何か――その寿命の長さについて、いつも思いつづけてきたことがあった。

後継者＝二代目の、比類稀《たぐいまれ》な資質である。

中世の藤原氏二代目の不比等《ふひと》と近世の徳川氏における二代将軍秀忠《ひでただ》――この二人がともに、出来物《できぶつ》であったからではないか、との推論であった。

前者の藤原不比等は、大化改新の功臣・藤原鎌足の次男であったが、世に出る前に父がこの世を去っており、また、壬申《じんしん》の乱で敗れた大友皇子《おおとものみこ》に一族の大半がついたため、物心ついた時には、先代の遺徳をすべて失ってのスタートとなった経過があった。

そのため不比等は、創業者（初代）並《なみ》の苦心惨憺《くしんさんたん》を重ね、日本に官僚制を創りあげたともいえた。

この彼に比べれば、徳川秀忠は父・家康の存命中に、将軍の禅譲《ぜんじょう》を受けている。

「不比等はいい。しかし、秀忠は……」

と歴史を知る方の中には、反発される向きも少なくない。

けれども、結論から先に述べると、筆者は家康が身を呈《てい》して示した後継者育成計画ほど、日本史上、みごとな承継法はなかったのではないか、と考えてきた。

●徳川家系図

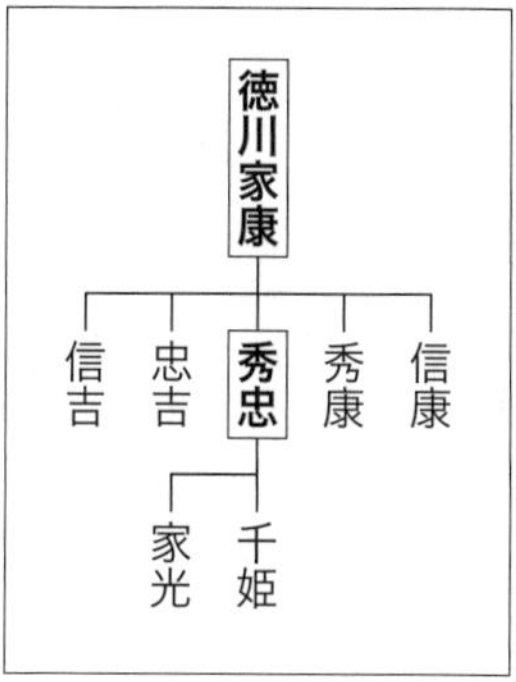

家康は三十八歳でわが長子・信康《のぶやす》に切腹を命じたが、皮肉なことにこの年、のちに二代将軍となる秀忠が生まれている。

秀忠には今一人、五歳年長の、次兄の秀康《ひでやす》があった。が、この人は出生から多忙な家康と離れて暮らし、大坂城の豊臣秀吉《とよとみひでよし》のもとへ養子——事実上は人質——に送られている。

信康、秀康に比べれば、秀忠は家康の跡継ぎとしての実績を、着実に積んでいった。

天正《てんしょう》十一年（一五八三）――秀康が大坂城へ登る二年近く前、『徳川実紀《とくがわじつき》』（徳川将軍十代までの歴史書）はこの正月元旦に、三河《みかわ》（現・愛知県東部）・遠江《とおとうみ》（現・静岡県西部）・駿河《するが》（現・静岡県中部）・甲斐《かい》（現・山梨県）・信濃《しなの》（現・長野県）の五カ国の国人《こくじん》・豪族たちから、浜松城で秀忠が父の家康とともに、拝賀の礼を受けたことが述べられていた。

秀忠もその後、天正十八年に秀吉のもとへ人質に送られたが、家康が秀吉によって関東八カ国（実際には六カ国）に移封となってからは、江戸にあって父の留守を預かるのが、秀忠の役割となっている。

ついでながら、秀忠の生母・西郷局《さいごうのつぼね》（お愛《あい》の方）は、遠江国西郷（現・静岡県掛川市の中央部）の土豪の娘で、家康の家臣・西郷右京進義勝《うきょうのしんよしかつ》に嫁いで一男一女を産むが、のちに夫を戦場で失い、家康の側室となった女《ひと》であった。

温和で誠実な人柄で、家康が正室の築山殿《つきやまどの》と不仲になって以来、その寵愛《ちょうあい》を一身に受け、秀忠と四子の忠吉《ただよし》（慶長《けいちょう》十二年〈一六〇七〉三月に二十八歳で病没）を産んでいた。

ただ、天正十七年に西郷局は若死《わかじに》しており、十一歳で生母を失った秀忠は、もと今川家家臣の妻であった「大姥局《おおばのつぼね》」という、謀臣・本多正信《ほんだまさのぶ》をもやりこめるほどの猛烈な乳母に育てられていた。

さらに元服してからは、徳川家の武功派を代表する大久保忠世《おおくぼただよ》が「補佐の臣」となって付き従っている。

また、忠世の子で文武に秀《ひい》でた大久保忠隣《ただちか》が付けられ、このあたりから家康の秀忠に対する、〝帝王学〃教育がスタートした。

家康は自らの性格もあったのであろう、秀忠の呑《の》みこみ具合を見ながら、徐々に江戸→関東→東日本→全国とその統治の領域を広げていった。ここで重要なのは、そうした家康の配慮に反発することなく、秀忠が懸命に応《こた》えるべく、勤勉な答案を書きつづけたところにある。

当然ながら、形式だけとはいえ二代将軍となった秀忠のまわりには、次代を担う優《すぐ》れた家臣たちが集まっていた。

その筆頭が誕生まもなく付けられた土井利勝《どいとしかつ》であったろう。彼らは「大御所《おおごしょ》」として隠然たる力をもつ駿府《すんぷ》（現・静岡県静岡市）の家康に反発し、政令を江戸城から発することを望み、常に駿府と対峙《たいじ》した。

もし、この対立を許せば、政令二途に生じる愚となってしまう。

秀忠は自らの人気が下がることを承知で、江戸の家臣団を押さえ、父を立てつづけた。

――この行為が、秀忠の評価を誤《あやま》らせることにつながってしまった。

いわく、弱気で消極的な二代目――これに加えて、正室・江《ごう》が年上の妻（二十三歳）であり、秀忠は十七歳で婚姻《こんいん》。

しかも江は三度目の結婚であり、秀吉の愛妾《あいしょう》・淀殿《よどどの》の妹とあって、秀忠は頭があがらず、尻に敷かれていた、と世間が見たことも災《わざわ》いしたようだ。

関ヶ原遅参

――さらに、関ヶ原の戦いである。

家康は自ら豊臣大名の武断派＝東軍の上に、ふわりと乗る戦略を立て、徳川家の主力軍三万八千は秀忠の指揮下に入った。

秀忠は中山道《なかせんどう》を進み、途中で上田城（現・長野県上田市）に真田《さなだ》昌幸《まさゆき》・信繁《のぶしげ》（俗称・幸村《ゆきむら》）父子を攻めた、と伝えられている。

ところが、巧妙な真田方のゲリラ戦に翻弄《ほんろう》され、秀忠の軍勢はいたずらに将士と日時を消耗《しょうもう》し、ついに〝天下分け目〟の関ヶ原の戦いに間に合わなかった、というのだ。

このとき、秀忠は二十五歳。

実戦経験の乏《とぼ》しい彼のために、武断派の大久保忠隣、謀臣の本多《ほんだ》正信《まさのぶ》が付き従い、〝徳川四天王〟の榊原康政《さかきばらやすまさ》までもが加わっての、錚々《そうそう》たる顔ぶれが補佐していたにもかかわらず、重臣間の軋轢《あつれき》から、負けるはずのない戦《いくさ》に敗れてしまった、とも。

途中で秀忠も、「このままではまずい」と考え、信濃に所領を持つ武将たちを上田の押さえとして残して、急ぎ中山道を進軍したものの、例年に比べて雨が多く、木曾川《きそがわ》を渡るのに難渋《なんじゅう》し、ようやく妻籠宿《つまごじゅく》に到着したのは九月十七日のことであった。

この日、秀忠は父・家康が関ヶ原で石田《いしだ》三成《みつなり》ら西軍に完勝したことを知る。

「大《おお》いにおどろかせられ――」（『台徳院殿御実紀《たいとくいんでんごじっき》』『徳川実紀』所収）

なるほど、決戦に遅参した秀忠の心中は、いかばかりであったろうか。

通史では関ヶ原に勝った家康が、つづく西軍の主将・石田三成の佐和山《さわやま》城（現・滋賀県彦根市）を攻め落とし、大坂城を目指して九月十九日に草津、翌日に大津に進んだところで、ようやく秀忠が追いついた、と述べている。

しかし、家康はこの不出来な息子に会おうとはせず、間に入る者があって、ようやく拝謁《はいえつ》を許したものの、この直後、家康は重臣を集めて家督を誰に譲ればいいか、と改めて相談する挿話《そうわ》が出てくる。

だが、この〝物語〟は史実ではあるまい。重臣各々に後継者を選ばせれば、ここに派閥抗争が起きるのは必定《ひつじょう》。家康ほど思慮深い人物が、そのような愚《おろ》かな企《くわだ》てはしまい。

これは筆者の見解だが、秀忠の関ヶ原遅参は、家康と秀忠父子が企《たくら》んだものではなかったろうか。

歴史学は常に、結果論でものごとをとらえることを戒《いまし》めている。

我々は関ヶ原の戦いを、一発勝負と思いこみがちだが、一方の石田三成の企ては、あくまでも長期戦を想定していた。

もし、西軍が三成の思惑《おもわく》通りに勝利した場合、東軍側から裏切り者が出た可能性は高い。そうなれば、東軍の主力は東海道沿いの大名たちであり、敗れた家康は、関東へ逃走するにも東海道を使えなくなる。

残るはたった一つ、中山道であった。

ここに、ほとんど無傷の三万八千が待っていたとすれば、第二次関ヶ原の戦いもやれたであろうし、場合によれば、彼らに守られて逃げることもできたに違いない。

そうなれば、関東絶対防衛圏は維持できたはずだ。

家康という人の吝《しわ》い性格を考え、その戦いぶりを検証していくと、関ヶ原は豊臣家を二つに割った、武断派と文治派の争いであったことが知れる。彼はそれに便乗しただけではなかったのか。

家康が関ヶ原を決断したのは、その前日であった。

もともと父子は、何月何日を期して、何処《どこ》にて、などと約束をしていない。

さらには、秀忠の朝廷における官位を改めて見ていくと、他の男兄弟とはかけ離れて一人、昇進していくさまが明らかとなる。

中《ちゆう》納《な》言《ごん》殿（秀忠）はもとより謙遜《けんそん》の御志ふかく、御孝心あつし。そのうへ文徳智勇を兼備《かねそな》えましまし久しく御家嫡《かちやく》に備《そな》はり給《たま》ひ、信望また御兄弟にこえて、天意人望の帰する所なり。

「台徳院殿御実紀」に、大久保忠隣の言葉として述べられている。

ここに「守成」における秀忠の優位性が語られているように思うのだが、いかがなものか。

汚名の返上

関ヶ原の翌慶長六年（一六〇一）三月、秀忠は中納言から大納言に昇進した。二年後の二月十二日、父・家康に征夷大将軍に任ずるとの宣旨《せんじ》が出される。この頃、家康の帝王学はより具体化していく。

──『常山紀談《じょうざんきだん》』（江戸時代の武将論随筆）に興味深いエピソードが出ている。家康が駿府にあって、秀忠が江戸城にある頃のこと。秀忠が新たに太田某という侍を召し抱えた。秀忠は謁見《えっけん》し、自ら「五百石を与える」との折紙《おりがみ》を与えたところ、太田はこともあろうに、その折紙を秀忠に投げ返し、席を立って勝手に退出してしまった。

怒った秀忠は、「死罪にしてくれん」と息巻いたが、このとき同席していた小姓《こしょう》組番頭《ぐみばんがしら》の井上正就《いのうえまさなり》は、駿府に報告したうえで処刑してはどうか、と秀忠を諫《いさ》めた。

そこは承継の人・秀忠である。

なるほどと考え直し、さっそく、父のもとへ正就を遣《つか》わした。ことのいきさつを聞いた家康は、太田は確かに無礼だが、その行動には秀忠を諫める心があったことを看破《かんぱ》する。そのうえで、家康はいう。

德川家將軍圖解
二代
秀忠公

『彫畫共進會之内　徳川家将軍圖解』(東京都立中央図書館蔵)
将軍三代が描かれた錦絵。右から徳川初代将軍家康、中央下は二代将軍秀忠、左に三代将軍家光。

「昔より諫臣《かんしん》を忠の第一とす。然《しか》るに今、太田にあたふる禄、賞に中《あた》らざるや」

見る目がない、と見てとった家康は、正就を通じて太田に三千石を与えるように、との指示を出した。秀忠は己《おの》れを反省し、父の指示にしたがったという。

その後も秀忠は、街道整備を企画、推進して近世東海道の成立に主導的な役割を担っている。

一方の家康は、己れの最後の仕事を対豊臣戦と思い定め、将軍職を二年で秀忠に譲ると、大坂方対策に専念することとなった。

さらに家康は、秀忠の周囲で門閥《もんばつ》譜代随一の出頭人たる大久保忠隣の実力が突出していることを懸念し、これを牽制《けんせい》すべく犬猿の仲であった本多正信を秀忠のもとへ送りこむ。

やがてこの流れから、権勢家忠隣の失脚劇が形づくられていく。大坂方との内通、幕府に許可を得ずの婚姻、忠隣が庇護《ひご》していた大久保長安《ながやす》（ちょうあん、とも）の病死による不正の蓄財事件――ことごとくが、忠隣の改易《かいえき》に利用された。

慶長十九年正月十九日のことである。

この一件、当の秀忠は蚊帳《かや》の外であり、正信の謀略に拠《よ》るものであったが、これにより秀忠近習《きんじゅう》の若手が、その能力を遺憾《いかん》なく発揮することができるようになった。

大坂冬の陣で秀忠は、凄《すさ》まじいスピードをもって大坂へ向かい、みごと関ヶ原のおりの汚名をそそいでいる。大坂夏の陣では、秀忠が先陣をつとめた。

元和《げんな》二年（一六一六）四月十七日、家康は七十五歳で波乱の生涯を閉じたが、すでに承継はことごとくすんでおり、秀忠は親族の処分を自らの手でおこなっていく。

弟の忠輝《ただてる》、秀康の子である忠直《ただなお》の改易、さらには家康にはできなかった福島正則《ふくしままさのり》を改易に追いこむ決断をし、有力外様《とざま》大名を次々と潰《つぶ》していった。

秀忠はかつての己れと同様に、三代将軍家光《いえみつ》のため、邪魔になる功臣・本多正純《まさずみ》（正信の子）も失脚させている。

大御所として家光を後見した秀忠は、寛永《かんえい》九年（一六三二）正月二十四日、この世を去った。享年《きようねん》は五十四である。

知られざる、名後継者といえよう。

〈二〉 織田信長➡蒲生氏郷　師とも仰いだ主君と共通する器量《センス》

人質生活が培ったもの

戦国の覇王・織田信長が見いだし、育成した〝人材〟の中でも、〝智・弁・勇〟の三徳を備えた、最高の弟子は蒲生氏郷《がもううじさと》であったに違いない。

弘治《こうじ》二年（一五五六）に、近江《おうみ》国蒲生郡日野《ひの》（現・滋賀県蒲生郡日野町）の城主・蒲生賢秀《かたひで》の嫡男に生まれた氏郷は、永禄《えいろく》十一年（一五六八）、父の人質として信長のもとへ遣わされた。

信長は、人に倍する聡明さと弁舌のさわやかさ、鋭敏な美的センスに、己れに等しい価値観を氏郷に見いだし、この若者を一人前の武将に育てあげる。のみならず、信長は愛娘《まなむすめ》・冬姫（十二歳、あるいは九歳）を氏郷（十四歳）に娶《めあわ》せて、日野へ帰した。永禄十二年冬のことであった。

以来、氏郷は信長の主要合戦――元亀《げんき》元年（一五七〇）の越前朝倉攻めにはじまり、近江の鯰江《なまずえ》合戦、小谷《おだに》城攻略、長篠《ながしの》・設楽原《したらがはら》の戦い、摂津《せっつ》（現・大阪府北部および兵庫県南東部）伊丹《いたみ》城攻め、伊賀《いが》（現・三重県西部）進攻、信州（現・長野県）攻めなどに参戦。抜群の軍功をあげている。

信長亡きあと、秀吉はこの二十も年少の武将を、まるで賓客《ひんきゃく》をもてなすように遇し、彼の手を押し戴《いただ》くようにして味方陣営に迎えた。柴田勝家《しばたかついえ》と結んだ織田家の宿老・滝川一益《たきがわかずます》を攻めたおりも、氏郷の働きは抜群で、のちに伊勢《いせ》亀山城（現・三重県亀山市）を与えられている。

が、氏郷は秀吉に感謝などはしていない。当然だ、との思いが、彼にはあった。それゆえか、普段は秀吉を「筑前《ちくぜん》殿」（官職名・筑前守《ちくぜんのかみ》）とは、ましてや「上様《うえさま》」などとは呼ばなかった。

「上様とは、亡き右府《うふ》（信長）様ただ一人」

との思いが、強かったようだ。

秀吉に対しては、主語のないまま語りかけるのが常で、小牧《こまき》・長久手《ながくて》の戦いにおいては、先手を家康に取られて慌《あわ》てふためく秀吉に、後世に残る台詞《せりふ》を吐いている。

「猿メ、死ニ場所ヲ失ウテ狂ウタカ」

大胆不敵——氏郷にとって心服できる人物は、師とも仰いだ亡き信長ただ一人。

秀吉には、己れと同じ時代の雰囲気——大航海時代のルネッサンスを共有している——は感じていたものの、尊敬の念などはない。なぜならば、秀吉には信長に見られた鮮烈な美意識がなかったからだ。

いわんや、家康にいたっては、泥くさい後進地の人物として、多分に侮蔑《ぶべつ》する気分が濃厚であった。当然のことながら、その面白味のない吝嗇《りんしょく》なだけの器量など、歯牙《しが》にも

●蒲生家系図

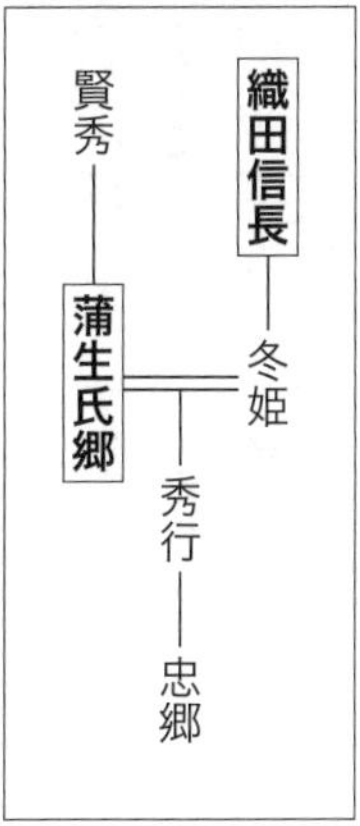

かけていなかったろう。

後年、氏郷はその豪胆さを秀吉に買われ、家康をはじめ伊達《だて》政宗《まさむね》、上杉景勝《うえすぎかげかつ》の三武将を牽制《けんせい》する目的で、奥州黒川《くろかわ》（現・福島県会津若松市）へ配置される。

もしも、氏郷が四十歳で病死せず、今しばらく長寿であったならば、関ヶ原の戦いは起こり得ず、秀吉亡きあとの天下は、家康にではなく、この男の懐《ふところ》に転がりこんだ可能性も否定できなかった。

亡き師に対する義理堅さ

この信長の正統な弟子は、とにかく合戦が強かった。『氏郷記』には、次のような記述がある。

美濃《みの》（現・岐阜県）出身の文武兼備の武将・稲葉《いなば》一鉄《いってつ》（良通《よしみち》）は、ときおり招かれては信長の前で軍《いくさ》物語をした。まだ氏郷が人質生活を送っていた頃のこと。興に乗った一鉄が、夜の更《ふ》けるのも忘れて話をつづけたところ、信長の小姓たちは大半、居眠ってしまったが、一人氏郷だけは、まばたき一つせず、真剣な面持《おもも》ちで、一鉄の話に聞き入っていたという。

一鉄はその姿を見て、感嘆の声をあげた。

「この若者の行く末は、百万の将たるべし」

その氏郷の名が、一躍、天下に轟《とどろ》いたのは、皮肉にも師・信長が横死した本能寺の変のおりであった。氏郷は父・賢秀とともに、安土城《あづちじょう》（現・滋賀県近江八幡市）に残されていた信長の家族を救出し、一

会津若松城（福島県会津若松市）
文禄2年（1593）、蒲生氏郷が東日本初の本格的な天守を建て「鶴ヶ城」と命名した。近年の発掘調査により、蒲生家時代の石垣が発見されている。現在の天守は昭和時代に復元されたもの。

方で氏郷は玉砕を覚悟で、明智光秀《あけちみつひで》の誘いを峻厳《しゅんげん》に拒絶している。

この時、畿内はことごとくが光秀の勢力圏内であり、大勢は光秀を支持、または消極的中立が占めていた。その中で蒲生父子だけが、堂々と己れの意思を天下に表明したのである。

秀吉の中国大返しが、今少し遅れていれば、この父子は討死《うちじに》していたかもしれない。節義なき乱世において、この血筋は義理堅く、実に清々《すがすが》しかった。

秀吉は氏郷の妹（もしくは姉）を側室に所望し、「三条殿《さんじょうどの》」と名乗らせ、氏郷との結びつきを強めてもいる。

氏郷の勇猛ぶりは、つとに有名であったが、新規に家臣を召し抱《かか》えるとき、彼はいつも同じことを口にした。

「その方が戦場に出たなら、わが家中の者で、銀の鯰《なまず》尾《お》の兜をかぶり、奮戦している者が目につこう。その者に負けぬよう働け」

なるほど、戦場に出ると、いつも真っ先を駆けて敵陣におどりこみ、群がる敵を寄せつけず、次々に武功をあげる銀の鯰尾の兜をかぶった勇者がいた。よく見ると、その勇者こそが主君の氏郷であった。

ともあれ、氏郷は率先垂範《そっせんすいはん》――常に自軍の先頭に立って働いたが、一面で師である信長もなし得なかった学問を積み、中国の古典にも通じ、茶道では〝利休七哲《りきゅうしちてつ》〟の一人にまでも数えられている。

また、一方では領地を商業都市として、繁栄させる手腕も、信長に学び、他の大名たちに抜きんでて実践していた。

小牧・長久手の戦いのあと、近江日野六万石から伊勢松ヶ島《まつがしま》城十二万石に封ぜられた氏郷は、「松《まつ》坂《さか》」（現・三重県松阪市）を綿密な都市計画によって開いている。

松坂が江戸時代を通じて、日本有数の商業都市として栄えたのも、もとは氏郷の力によるものであった。

〝はみ出し者〟を統御

天正十八年（一五九〇）、氏郷は奥州黒川、のちの会津に四十二万石――一説には七十万石――を得て、その四年後には九十二万石の領主となった。彼は故郷である近江国日野城下の、〝若松の森〟にちなんで、この地を「若松」と命名している。

「奥州探題」としての会津転封のおり、氏郷は秀吉に一つだけ注文を出していた。

秀吉や諸大名家から、「奉公構《ほうこうかまえ》」（かまい、とも）となっている者たちを、召し抱える許しを求めたのである。これは当時、大問題となった。

無理もない。「奉公構」とは、主君の怒りを買った牢人《ろうにん》たちを指したが、わけても許し難い者については、何処の大名家へ立ち寄ろうとも、召し抱えぬように、との回状が送られた。それを承知で、その者を召し抱えれば、大名間の争いともなった。

少しのちのことになるが、大坂の陣で豊臣方について戦った、塙団右衛門直之《ばんだんえもんなおゆき》や後藤又兵衛基次《ごとうまたべえもとつぐ》といった豪傑は、主家から各々「奉公構」が出ていて、他の大名家に仕官することができなかったために、大坂城に入城した、との経緯《いきさつ》がある。それを承知で氏郷は、己れの家臣にほしい、という。秀吉は、この申し出を、しぶしぶ了承した。

何しろ、撥《は》ねつければ氏郷は、会津には行かぬ、というに決まっていた。この男以外に、徳川家康・伊達政宗・上杉景勝の三人を、同時に、牽制できる人物はいない。

なるほど、氏郷が召し抱えた人々は、一癖《ひとくせ》も二癖もある者たちばかりであった。が、さすがに、一騎当千の強者《つわもの》たちであった。

氏郷が会津に入国して、二カ月が経過した頃、この地の旧領主・伊達政宗の煽動《せんどう》による、大規模な一揆が勃発《ぼっぱつ》した。

一揆勢は、葛西《かさい》・大崎《おおさき》の地（現・宮城県北部から岩手県南部）に三十万石を新領した木村吉清《きむらよしきよ》を襲撃。氏郷は不慣れな北国の地をものともせず、軍勢を率いて救護に向かうと、奥州一帯に拡大しかけた一揆を、みごとに鎮圧してみせた。

このとき伊達家では、領内の農民に因果をふくめ、蒲生軍には宿を貸さず、蓆《むしろ》すら売らぬよう、炊事用の鍋釜や薪《たきぎ》も貸さぬようにと、徹底して指導がおこなわれていたという。氏郷の難渋《なんじゅう》は、一通りのものではなかった。

「伊達の謀叛《むほん》は歴然といたしております。用心のため二、三日、様子を見るため、当地へ逗留《とうりゆう》されてはいかがでしょうか」

と、心利《こころき》いた家臣は進言したが、氏郷は平然としたもので、

「愚かなことを申すではない。政宗の逆心などは、たかが知れたもの。色を出せば、その場にて討ち取ればよい。今さら、何を臆病風に吹かれることがあろうぞ。行く手を遮《さえぎ》る者があれば、ただ一戦で蹴散らし、まかり通るのみである」

篠《しの》つくばかりの豪雨にも屈せず、氏郷の軍は猛烈な勢いで進攻し、一揆勢を一蹴《いっしゅう》した。やがて救出された木村吉清は、涙ながらに氏郷へ縋《すが》りつく。

「ここ二十日ほどは、雑炊《ぞうすい》ばかりを食しておりました。それもあと三日の量しかなく、餓死するのも無念、打って出て討死せんものと覚悟を決めておりましたところ、ご出陣を賜《たま》わり、なんと申しあげてよいやら……。蒲生殿は、生命《いのち》の親でござる。われら父子は、一揆を起こさせた責《せ》めを負い、流罪《るざい》か死罪は必定でござろうが、万一、一命を取りとめることでもあれば、生涯、蒲生殿の家来となって草履《ぞうり》を取り申すべし」

これに対して氏郷は、あくまで冷静に答えている。

「過分の申されようで痛み入る。それがしはただ、殿下（秀吉）から申しつかった言葉に従っただけ

のこと。もし、それがしの軍勢が間に合わず、貴殿らを死なせておれば、それがしは二度と会津には戻らずに、葛西・大崎の一揆をことごとく攻め潰し、そのまま討死の覚悟でござった」

このあと吉清は、一揆が原因で所領を没収され、あとに入った氏郷（九十二万石時代）の与力《よりき》となり、陸奥《むつ》福島（現・福島市）城主となった。

中国・漢《かん》の馬融《ばゆう》撰、鄭《じょう》玄《げん》注と伝えられる『忠経《ちゅうきょう》』に、次の一節がある。

「大《だい》なるかな、忠の用《よう》たるや。之《こ》れを邇《ちか》きに施《ほどこ》せば則《すなわ》ち以《もっ》て家邦《かほう》を保つべく、之れを遠きに施せば則ち以て天地を極《きわ》むべし」（忠は愛と敬を内容とする、人間の誠である。だから、家を斉《ととの》えるにも国を治めるにも、さらに進んで万邦協同、天下泰平、その他すべての善事に役立つものであり、その活用はきわめて広く、大きいものである）

繰り返しになるが、もし、このまま氏郷が健在でありつづければ、豊臣家の末路も大きく様相を変えていたに違いない。

関ヶ原の戦いは、なかったであろう。

ところが、一代の英雄、自他ともに天下人の器《うつわ》と認めた氏郷は、現在でいう結核性の痔瘻《じろう》を患《わずら》い、文禄《ぶんろく》四年（一五九五）二月七日、四十歳をもってこの世を去った。

限りあれば吹かねど花は散るものを
心みじかき春の山風　（氏郷辞世）

氏郷の死により、幕下にあった幾多の名将や豪傑が、一斉に蒲生家を去った。彼らは氏郷が主君であったればこそ、仕えてきた者たちばかりであった。会津には代わって、上杉景勝が入封したが、彼には氏郷ほどの器量がなかった。

氏郷の死は、秀吉の死に先立つこと三年である。関ヶ原は五年後のこと。

いつの時代でも、リーダー必須《ひっす》の条件――部下が敬慕の念をもって仰ぎ見る器量――は、変わらないものであるらしい。

〈三〉黒田官兵衛➡長政　タイプの異なる稀代の策謀家父子の凄み

〝節義〟の風評

稀代《きだい》の策謀家としての、印象が強い戦国武将・黒田官兵衛《くろだかんべえ》（諱《いみな》を孝高《よしたか》・号して如水《じょすい》）は、実は無私無欲で心映《こころば》えの涼やかな人物であった、と筆者は検証してきた。

だからこそ、彼の案出する策略は、生き生きと実践されたといえる。

加えて、処世に便利な物柔らかな思慮をもちながら、官兵衛には已れがこうと思いこんだ主題や主張を、頑《かたく》なに譲らぬという性根があった。

播磨《はりま》（現・兵庫県南西部）の小大名・小寺《こでら》氏（御着《ごちゃく》城主）の家老の家に生まれ、いち早く織田信長の勢いを察知し、その天下制覇を確信した官兵衛は、主家の小寺氏を織田方に随身させようとした。

一度は小寺氏を織田方に付けたものの、信長に対する荒木村重《あらきむらしげ》の謀叛から、官兵衛は主君・小寺政職《まさもと》が村重と裏で通じているとも知らず、摂津有岡《ありおか》城（現・兵庫県伊丹市）の村重を翻意《ほんい》させるべく、単身で赴《おもむ》き、牢に幽閉の身となってしまう。

天正七年（一五七九）十月、有岡落城で十一カ月ぶりに解放された官兵衛の姿は、老醜《ろうしゅう》そのものとなっていた。

だが、ここで彼は、多くの犠牲と引きかえに、たった一つのものを手に入れていた。「節義」である。小寺官兵衛（当時）という男は、決して裏切らない、との評判はその生涯の大きな財産となった。


その後、彼は織田家の中国方面軍（司令官・羽柴《はしば》秀吉）にあって、外交交渉に独自の手腕を発揮する。その真価が問われたのが、天正十年の備中《びっちゅう》高松城（現・岡山県岡山市）攻囲戦に参加していた官兵衛が、まさかの本能寺の変報に接したときであった。

官兵衛は秀吉軍の危機を救うべく、

「これを機に秀吉殿が、天下を取る」

といった破天荒な夢を、全軍に顕示した。

この効果は絶大であり、たちまち全軍は己れの栄達を夢見て湧《わ》き立ち、〝中国大返し〟を経《へ》て、叛将・明智光秀との、山崎（現・京都府乙訓《おとくに》郡大山崎町）での決戦へと躍動していく。


一方で官兵衛は、まず、目前の毛利《もうり》勢の目を眩《くら》ませる必要から、毛利方の外交僧・安国寺恵瓊《あんこくじえけい》に急使を送り、和睦《わぼく》の条件として示した高松城主・清水宗治《しみずむねはる》の切腹の刻限を、すみやかに決定した。

●黒田家系図

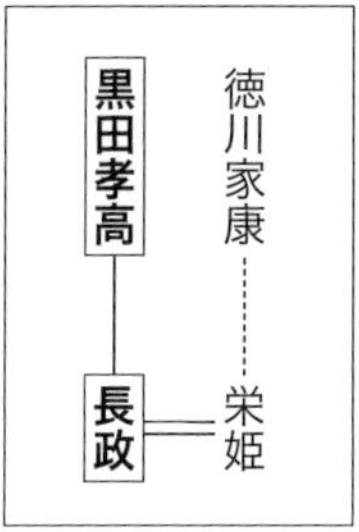

恵瓊はこの官兵衛の動きに不審を抱かず、毛利家への好意と受け取っている。それまでの接触によって、官兵衛の人となりに、誠実さが認められたからであろう。

豊臣政権を誕生させた、最大級の功臣は官兵衛といってよかった。

策士の息子

その後、秀吉の九州征伐に活躍した官兵衛は、天正十五年（一五八七）七月に豊前《ぶぜん》（現・福岡県東部および大分県北部）六郡十二万石を拝領。この時、彼は四十二歳になっていた。息子の長政《ながまさ》は、二十歳である。

その官兵衛が、天正十七年五月に家督をわが子・長政に譲り、隠居した。

そして慶長五年（一六〇〇）九月十五日、〝天下分け目〟の関ヶ原の戦いが勃発する。

官兵衛の後継者・長政は、父に勝るとも劣らぬ先見性から、次代を徳川家康と読み、誼《よしみ》を通じて、自ら家康と行動をともにした。

九州に残った官兵衛は、天下争乱の正確な情報をいち早く知るべく、瀬戸内海に早船《はやぶね》を配置し、上方《かみがた》の出来事を三日で中津《なかつ》（現・大分県中津市）へ通報させる態勢を敷《し》いていた。

そして東西両軍の旗上げを知るや、日頃蓄《たくわ》えていた金銭米穀《べいこく》を気前よく放出し、九州中の牢人を掻《か》き集める。瞬《また》く間に三千五百余の士卒が集まった。これを九千と喧伝《けんでん》した官兵衛は、東軍への積極的加担を宣伝したうえで、豊後へ向かった。

彼《か》の地では、先の国主・大友義統《おおともよしむね》（宗麟《そうりん》の子）が朝鮮出兵の際の失態で改易《かいえき》されており、以後、国内は中小領主に分割され、その小大名の数は十を数えている。

官兵衛はこれらの諸城を狙《ねら》っていた。

義統が西軍に付き、舞い戻っていたからである。

九月十三日、官兵衛の私兵軍団は、義統の立石《たていし》城（現・大分県杵築《きつき》市）攻略を目指して出撃、大友勢はこれを石垣原《いしがきばる》（現・大分県別府市）で迎え撃った。戦いは官兵衛の勝利となり、彼は義統に投降勧告をおこなう。奇《く》しくも、九月十五日——関ヶ原本戦と同日のことであった。

関ヶ原を扱った書物の中には、関ヶ原の戦いが長引いていたならば、官兵衛は九州を席巻《せっけん》し、上方に討ち入って、徳川家康・石田三成の勝者と雌雄《しゆう》を決していただろう、と述べたものがある。

が、九州版・関ヶ原において加藤・鍋島《なべしま》の両家は、官兵衛に臣従してはいなかった。すべては合議であり、その前提は東軍の徳川家康を念頭に置いたものである。

筆者はこの官兵衛の本土討ち入り——これは彼本人による創作ではなかったか、と疑っている。

では、官兵衛の真意は、どのあたりにあったのだろうか。

関ヶ原の戦いが終わってまもなく、息子の長政が家康の勝利に貢献《こうけん》した己れの手柄を、手紙で伝えてきたおり、

「馬鹿な倅《せがれ》だ。そんなに急いで、家康に勝たせてどうなるものか。天下分け目の戦いだからこそ、侍どもの出世の機会にもなるというものを……。もう少し日をかけてじっくりとやるべきなのに、年が若いとはいえ思慮の足らぬやつよのぉ……」

官兵衛は周囲に苦笑《にがわら》いを漏《も》らしたという。

また、凱旋《がいせん》した長政が家康の天下取りに対して、いかに己れが重責を担《にな》ったか、父譲りの〝調略〟を駆使して敵味方の間で活躍したかを、力を入れて父に語った。

よほど家康は嬉《うれ》しかったのであろう、関ヶ原の勝利後、長政の手を取って、

「この勝ちは、甲斐（長政）殿のおかげでござる……」

といって、己れの手を三度までも押し戴《いただ》いてくれました、と長政は官兵衛に語った。

息子の話を、無表情な顔をして聞いていた父の顔色が、このとき、わずかに動いた。

官兵衛は、その色を押し殺すようにして、

「そのとき、家康が取ったというそちの手は、左手であったか、右手であったか」

と訊《たず》ねた。

「右手でございました」

喜色満面で答える長政に官兵衛は、

「すると、そちの左手は何をしていたのか」

と叱《しか》りつけたという。

後世の人々は、

「家康と三成のいずれが勝つにせよ、双方が上方で戦力を使い果たした頃を見計らい、九州の兵を率いて官兵衛は、一挙に上洛して天下を手中に収める気であった。それなのにわが子は家康の走狗《そうく》となり、生命《いのち》を的《まと》に大手柄をあげるとは言語道断、親の心を無にした日本一の大うつけ者である」

と官兵衛はわが子を詰《なじ》ったと解釈した。

が、筆者はそうではなかったろう、と思っている。官兵衛はその発言で、むしろわが子を守ろうとしたのではあるまいか。

長政の知謀などたいしたものではない、ということを、家康に聞かせ、己れに向けられてきた策士の風評を、息子には伝染させぬように、と配慮したのではなかったか。

――わずかながら、その証左はあった。

官兵衛が死を目前にして、家臣を次々に病床に呼びつけては、さまざまな嫌《いや》みを浴びせかけた、との挿話《そうわ》がある。

たまりかねた長政が、そのことを注意すると、官兵衛は小さな声でいったという。

「この乱心は、お前のためにやっているのじゃ。家来たちにわしが嫌われて、早くお前の代になって安堵《あんど》したいものよ、とやつらに思わせんがためぞ」

思うに、官兵衛が庇《かば》わねばならぬほど、息子の長政には、父に勝るとも劣らぬ策士の才が育っていたのではあるまいか。

確かに関ヶ原の戦い前夜、上杉討伐軍が下野小山《しもつけおやま》（現・栃木県小山市）に着陣したとき、三成挙兵十万近し、の報《しら》せが届いた。このとき、軍議の前に、長政が福島正則《ふくしままさのり》への根回しをおこなわなければ、東軍勝利＝徳川幕府の創業はなかったといえる。長政の謀略は、父・官兵衛を凌《しの》いでいたかもしれない。

加えて、関ヶ原の合戦の当日、毛利勢を陣地に釘《くぎ》づけにし、参戦させなかったのも、毛利一族の吉《きっ》川広家《かわひろいえ》に内通を働きかけた長政の手柄だ、といわれている。家康の勝利を決定づけた、西軍主力・小《こ》早川秀秋《ばやかわひであき》の裏切りにも、長政の裏面工作があった。

長政は、黒田家を豊前中津十二万石から、一躍、筑前福岡五十万二千四百石余に押しあげることに成功した。

それだけに、家康の長政を見る目は、以前の天下人秀吉が官兵衛を見たのと同様の、恐怖心を抱いていたとしてもおかしくはない。官兵衛は父としてわが子を、先代として当代を、守ったのではあるまいか。

万民の手本

『黒田家譜』には、大将たる者の心構えとして、官兵衛が長政に語った言葉が述べられている。以下、現代語訳してみた。

「大将たる者は、威厳がなくては万人を制することはできない。とはいえ、心得違いをして、無理に威厳のあるように威張《いば》るのも、かえって大きな害となる。

その理由は、一途《いちず》に諸人から恐れられるようにするのが威厳だと心得て、〈中略〉居丈高《いたけだか》になる必要もないのに目をいからせ、言葉を荒々しくして諫言を聞き入れなかったり、己れに非があろうとも、逆に言い紛《まぎ》らわせ、わが意を押し通そうとしたりするので、（人々は）ただ怖れるばかりとなり、忠義を尽くそうと思う者もいなくなり、己れの身のことだけを考えて奉公することになる。

このように高慢で人を蔑《ないがし》ろにすると、臣下万民は主君を疎《うと》むので、必ず家を失い、滅んでしまう。よくよく心得るべきである。

真の威厳というのは、まず己れ自身の行儀を正しくし、理非や賞罰を明確にすれば、強《し》いて人を叱り、あるいは脅《おど》すことをせずとも、臣下万民は敬《うやま》い畏《おそ》れて、上を侮《あなど》り、法を軽んずる者はいなくなり、自《おの》ずと威厳は備わるものである」

官兵衛は〝威厳〟をあげたが、その語った微妙な意味合い《ニュアンス》は多様であった。

——築城に関する挿話が残っている。

築城を急いでいた官兵衛のもとに、工事用の木材が度々《たびたび》盗まれる、との報告がもたらされた。

間もなく、従事している大工の中から、盗人が捕えられ、官兵衛の前に引きすえられる。官兵衛は家臣や大工たちを前に、この盗人を罵倒《ばとう》し、

「その罪は打ち首に値する」

と、厳しく言い放った。

この盗人は刑の執行まで、檻《おり》に入れられたが、いっこうに官兵衛からの死刑執行の命が来ない。家臣が官兵衛に伺《うかが》いを立てたところ、平素は家臣を叱ることのない官兵衛が、珍しく怒鳴り声をあげた。

「馬鹿者、人の生命《いのち》の尊きを知らぬのか」

官兵衛は、理非賞罰を明らかにすることを、大将たる者の心構えとしていたが、そこには人間に対する慈《いつく》しみ、武将には稀な温《あたた》かさ、情があった。

否《いな》、名を成した武将は人を殺すことが少なかった、と理解すべきかもしれない。

また、官兵衛は次のようにも言っている。

「——馬鹿なことを言うな。よく聞くがいい。その盗人の首を斬って、盗んだ木切れにその者の衣服を着せてみるがいい。人間の役はしないであろうが……。人を殺すというのは、容易なことではないのだ。そちたちは、なんとも思わぬとみえる。急いで許してやるがよい」

「――再び盗むようなら、こんどは縛《しば》って首を斬る、と存分に恐れさせ、二度と盗まぬようにするのが、奉行の役目であろう。それを黙って盗ませておきながら、捕らえたから首を斬るとはなんということだ」

家臣・領民に対する仁義の深さこそが、官兵衛の、人を統率する基本であったといってよい。後継者の長政にも、父は繰り返しこのことを語っていた。

官兵衛は晩年、子孫に七カ条からなる訓戒を残したが、中でも次の二カ条は家臣団統率術の要諦《ようてい》として、治世そのものの極意《ごくい》ともいえるものであった。

一、神の罰より、主君の罰おそるべし。主君の罰より、臣下、万民の罰おそるべし。
一、政道に私《わたくし》なく、そのうえ、わが身の行儀作法乱さずして、万民の手本と成るべし。

官兵衛は慶長九年（一六〇四）三月、五十九歳でこの世を去り、長政は父の配慮に感謝しつつ、知謀をやわらかく包み隠して、元和《げんな》九年（一六二三）八月に、五十六歳でこの世を去った。

筑前福岡藩黒田家は、のち黒田騒動（江戸初期に起こった御家騒動）に巻きこまれながらも、無事に明治を迎えている。

〈四〉前田利家➡利長➡利常　江戸期最大の外様大名の攻防戦

偉大なる父の死

死を迎える十日前、歴戦の武将である前田利家《まえだとしいえ》は、嗣子《しし》・利長《としなが》に遺書を認《したた》め、後事を託すとともに細々《こまごま》と訓戒を残していた。

その中で利家は言う。

「わしの死後、豊臣秀頼《ひでより》公に謀叛する者が現れる場合に備え、八千の兵を大坂に詰めさせ、また金沢城の留守居には篠原出羽守《でわのかみ》（一孝《かずたか》）を残すようにせよ」

この他、重臣の性格、謀叛の可能性なども具体的に注意したと伝えられる。

けれども、利家は一番肝心な人物の名を、ついに出さなかった。

太閤秀吉の忘れ形見・秀頼に仇《あだ》なす者があるとすれば、一人、同じ大老職にあった徳川家康以外にはあり得なかった。

「家康殿が謀叛に及べば、これを討て！」

本来なら利家は、そういうべきであったろう。なぜ、名指しにしなかったのか。利家は己れの後継者の、利長の器量を危《あや》ぶんでいたのであろうか。

それとも次の世は家康のものになる、と戦国武将らしい勘を働かせたのだろうか。

いずれにせよ、唯一の気兼ねを必要とした利家が、六十二歳で病死してくれたことにより、家康の天下取りには遠慮がなくなり、敵味方を峻別《しゅんべつ》するのに、恫喝《どうかつ》をもちいるという、ストレートな形となった。

まず狙われたのが、前田家であった。

家康は己れを暗殺しようとした計画の首謀者に、利長を置き、加賀征伐を企てた。

いわれなき濡《ぬ》れ衣《ぎぬ》を着せられた加賀前田家では、急ぎ城砦《じょうさい》を修築し、防備を固めての迎撃態勢を敷いている。

利長はこのとき、三十八歳。対する家康は五十八歳。

●前田家系図

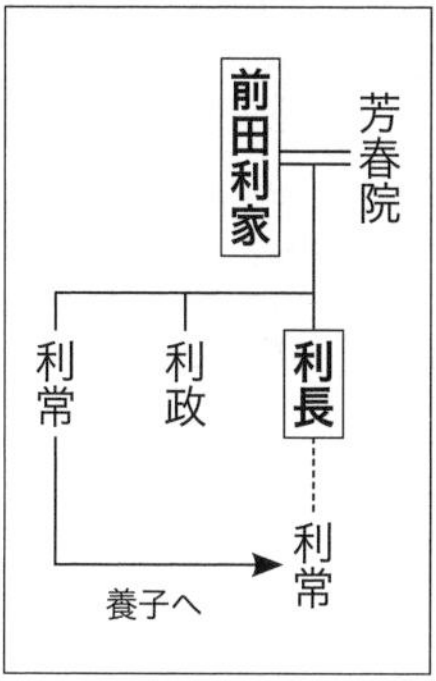

利長は亡き父・利家に従って武功を積み、従三位《じゅさんみ》権中納言《ごんのちゅうなごん》の位にあった。決して、脆弱《ぜいじゃく》な二代目とはいえない。
前田家では評定《ひょうじょう》の席上、家臣たちの意見が二派に割れた。
いわれのない言いがかりに屈することはできぬ、という利長の言を壮とし、家康を討つべし、という者。否、あくまで主家。安泰を図って、膝《ひざ》を屈すべしと主張する者。このままいけば、評定に刻《とき》を費やし、和戦いずれとも決せぬまま、〃小田原評定《おだわら》〃の二の舞いとなり、前田家は家康の軍勢を迎えたかもしれない。

この前田家存亡の危機を救ったのは、芳春院《ほうしゅんいん》＝利長の実母（利家の室）であった。

芳春院は利長に向かって、「そなたの器量では家康殿には勝てぬ」と言い切り、経歴《キャリア》、貫禄、実兵力などの差を一つひとつあげ、前田家を滅亡させぬように、さっさと降参すべし、と諫言した。

利長とて、当主としての意地がある。父の死後、五大老にも上っていた。その面子《メンツ》もあったろう。

そこで家臣たちには、戦備を整えつつも、家康へ取りあえずの陳弁につとめる、指示を出す。家康のもとへは、前田家の家老・横山長知《よこやまながちか》が、派遣されることとなった。

家康は長知に言う。前田家に異心がなくば、その証《あかし》として芳春院を江戸へ差し出すよう。また、秀忠の次女を利長の弟・利常《としつね》に娶《めと》らせること。いうまでもなく、この二つは家康個人の要求であり、豊臣家の「大老」としてのものではなかった。

秀吉の遺法をさんざんに蹂躙《じゅうりん》し、己れの権勢で他人をあからさまに屈伏させる。家康のこのやり口は、受ける側にすれば何人であっても、許し難いものであったろう。

利長は、わが身を裂かれる思いであった。

彼は苦悩の末、俗にいう〃加賀百万石〃（当時は実質八十三万五千石）の安泰の道を選んだ。生前に父・利家から、助言があったのかもしれない。

この時、次弟の利政《としまさ》は、兄の決断に承服しなかった。

「われらが起《た》てば、反徳川の諸侯は一斉に決起するであろう」

利政はそう説《と》いたというが、十二分にあり得ることであった。

家康が大坂を空《あ》けて加賀へ発向《はっこう》すれば、その機会を逃《のが》すことなく、石田三成はいうまでもなく、各地に反徳川の狼煙《のろし》があがる。

そうなれば、さしもの家康も、その収拾には右往左往したに違いない。

利政は能登《のと》（現・石川県北部）に二十一万石、父の死去にともない、一万五千石を分与されていた。

その妻は名将・蒲生氏郷の娘。利政の武者ぶりは、若き日の利家にうり二つ、とまで称されていた。

母の江戸入りは阻止し得なかったが、利政は関ヶ原の戦いでは西軍を支持、兄には従わず、と己れの所信を鮮明にしている。

だが、西軍は敗れた。敗戦の後、利政の所領は没収されたが、兄から捨て扶持《ぶち》を得て、利政はのちに上京し、妻ともども平穏に暮らしたといわれている。

利長の決断は、後世から見た場合、前田家を救ったといえなくはなかった。

家康は前田家を屈服させた〝威〟を、豊臣政権内で大いに誇示するとともに、糾弾《きゅうだん》の矛先《ほこさき》を、次は会津中納言こと上杉景勝に向けたのであった。

関ヶ原の戦い

家康に膝を屈した〝加賀百万石〟の二代当主・利長は、自動的に関ヶ原の戦いにおいて、家康率いる東軍に組みこまれた。

利長は内に弟・利政という不穏分子を抱えつつも、自らは二万五千の兵を率いて金沢城を出撃している。慶長五年（一六〇〇）七月二十六日のことであった。

利長が期せずして担当することになった北陸方面には、金沢城の自分の他、越前《えちぜん》府中城（現・福井県越前市）の堀尾《ほりお》吉晴《よしはる》が東軍であり、加賀小松城（現・石川県小松市）の丹羽《にわ》長重《ながしげ》、大聖寺《だいしょうじ》城（現・石川県加賀市）の山口《やまぐち》宗永《むねなが》、北ノ庄《きたのしょう》城（現・福井県福井市）の青木《あおき》一矩《かずのり》らは、揃《そろ》って西軍加担を明らかにしていた。

東西両軍のうち、先手を取った西軍は、北陸攻略の総大将として敦賀《つるが》城主・大谷吉継《おおたによしつぐ》をあててくる。

金沢から京都方面へ出るルートを確保するために、利長はまず小松城へと前田家の軍勢を向けた。

しかし、この小松城は要害の地であり、本来が泥地、難攻不落の城として知られていた。この城に三千余りの兵をもって、丹羽長重が立て籠もる。

——ついでながら、長重も利長と同じ二代目であった。織田信長の下で方面軍司令長官をつとめた、前田利家の先輩、丹羽長秀《ながひで》の嗣子であり、賤ヶ岳《しずがたけ》の合戦をはじめ、小牧・長久手にも出陣している。

以前は越前（現・福井県北東部）・若狭《わかさ》（現・福井県南西部）・加賀（現・石川県南半部）半国の大領を父より相続したものの、家臣の軍律違反を理由に、秀吉に越前と加賀、若狭を相次いで召しあげられ、この頃にはわずか八万石の小大名に成り下がっていた。換言すれば、秀吉を天下人にすべく支援した長秀が、もしも存命でありつづけていれば、前田家の先代・利家の出世はなかったといってよい。

北国《ほっこく》を総覧する立場として秀吉は、当初、長秀に期待し、その死後、代役を利家に求めたというのが史実であった。

そのことは、長重も家臣たちも、熟知していた。

「この機会に、なんとしても最盛期を奪い返す」

そうした意気ごみに丹羽家は燃えていた。

利長は敵情を分析し、正面から攻める愚を避け、小松城をあと回しにして、まずは大聖寺城に自軍を殺到させた。

こちらの城主・山口宗永は、小早川秀秋の家臣であり、叩《たた》きあげの生粋《きっすい》の戦国武将であった。

利長の再三にわたる降伏の呼びかけにも応じず、壮絶な戦いの末に討死を遂げる。

前田勢は勝利の勢いに乗り、越前北ノ庄城にいる青木一矩を攻めた。

が、ここに来て、思いがけない知らせがもたらされる。

知将・大谷吉継が、越前の西軍を救援すべく兵を差し向けた、というのである。

前田勢は、動揺した。何しろ吉継の軍配は、秀吉が感嘆したという伝説すら、すでに生まれている。

そこへ、さらに追い打ちをかけるように、第二報がもたらされた。

吉継の別動隊が海路、利長の留守を衝《つ》いて金沢へ攻めこむというのだ。

実は、これらの知らせは、吉継が前田勢の侵略を阻止するために、故意に流した偽《にせ》の情報であった。

が、慌てた利長は、兵を半分に分け、本隊は金沢へ戻し、別動隊を自ら率いて、難関の小松城攻めへ向かった。

手ぐすね引いて待つ丹羽勢に、前田勢は半分の攻撃力であたることになる。

八月八日未明、小松近郊の浅井畷《あさいなわて》において、丹羽軍との火蓋《ひぶた》が切って落とされた。半減した前田勢は兵力で押され、丹羽軍の将兵に斬り立てられて、多くの戦死者を出す。

『丹羽家譜伝』には、一里半ばかり追い崩《くず》したとあり、一時は利長も死地に追われたが、先方も戦力がつづかず、一度は引き分けた。

その後、利長は再び軍備を整えて金沢城を出発。丹羽長重は九月十八日に和睦《わぼく》、開城となった。

しかし、関ヶ原での決戦には間に合わず、利長にとっては不本意であったかもしれない。

だが、戦後になって利長は、家康に遅参の責めを問われることもなく、出兵命令に背《そむ》いて出陣しなかった利政の領地・能登は、一度、没収されたものの、利長へ南加賀の加増とともに戻された。

この時、前田家は合わせて約百二十万石を領有する、大名となったのである。

防戦の宿命

利長の決断は間違っていたのか。

改めて検証してみれば、徳川幕府の天下となって、前田家は日本一大きな大名家になっている。もし、西軍に加担して敗れていれば、無論、家そのものが消滅していたであろう。

加賀・越中・能登を領有した前田家にとって、次の徳川時代を通じての命題は、いかにしてこの日本一広大な領主権を、保全するかという、この難しい一点に尽きた。

とりわけ将軍権力の絶大であった初期、五代にわたる徳川将軍家において、前田家の存続は至難のわざであったといってよい。

もともと出発点からして、累卵《るいらん》の危うさを秘めていた。

その難しさは、決して凡庸《ぼんよう》ではない利長が、わずかに七年という短さで、当主の座を下りたことが雄弁に物語っていた。

この二代目が采配《さいはい》した時代は、豊臣から徳川へと政権が移る過渡期と重なっており、その進退はかつて家康と並立した前田家だけに、薄氷を踏むような緊張感の連続であったろう。

跡を継いだ三代の利常は、前述したように、家康へ膝を屈したおり、正室に二代将軍秀忠の娘・珠《たま》姫《ひめ》（天徳院《てんとくいん》）を迎える、との約定《やくじょう》をしっかり守ったものの、それでも寛永八年（一六三一）には、大御

所となっていた秀忠の発病に際し、

「加賀が反乱を企てている」

との流言飛語《りゅうげんひご》を幕閣に流されている。

このおりは、かつて利長の弁明に活躍した横山長知の子・康玄《やすはる》が出府。申し開きをおこない、事なきを得たという。

三代を承継した利常は、幕府の嫌疑を解消すべく鼻毛を伸ばして、阿呆《あほ》殿様のフリをしていた、などという挿話さえ、まことしやかに伝えられるほどである。

前田家ではさらに、利常の長子（四代）光高《みつたか》の正室に、三代将軍家光の養女（水戸の徳川頼房《よりふさ》の娘）・大姫《おおひめ》（清泰院《せいたいいん》）を迎えた。

利常は寛永十六年、四十七歳にして、将軍家の血が濃い光高に封を譲っている。

なお、利常は隠居するにあたり、厳密に百十九万二千七百六十石あった石高のうち、自らの養老領として二十二万二千七百六十石を割《さ》き、次子の利次《としつぐ》に十万石（富山藩）、三子の利治《としはる》に七万石（大聖寺藩）をそれぞれ分与。いずれも幕府に、大国としての恐れを抱かせず、あらぬ嫌疑を持たせぬための配慮であったことはいうまでもない（のち利常の死により、その養老領は孫の代に戻り、加賀本藩は百二万五千石余となる）。

四年後の寛永二十年十一月十六日、江戸辰口《たつのくち》の藩邸で、二十九歳の光高と大姫の間に待望の男子が生まれた。

名を犬千代丸と称したが、この世継ぎはまさしく前田家にとって、御家安泰を約束する存在であったといってよい。

何しろ、義父に三代将軍家光、叔父には水戸の徳川光圀《みつくに》、また義理の叔父に家光の異母弟・保科正之《ほしなまさゆき》がいた。幕藩体制の確立期において、これ以上の血脈・系譜は望めまい。

この犬千代丸が、すなわち五代の綱紀《つなのり》（当初は綱利《つなとし》、貞享《じょうきょう》元年＝一六八四に改める）であった。

以来、前田家は存続しつづけ、明治維新を迎えている。

〈五〉九鬼嘉隆➡守隆　成功体験から抜け出せぬ父とそれに拘《こだわ》らなかった息子

逃亡からの再起

戦国武将というよりは、海賊の親玉のような九鬼《くき》嘉隆《よしたか》の名を、一躍、日本史上に轟かせた源泉は、たった一つ、覇王・織田信長に仕えたことにあった。

もしも嘉隆が、出身の伊勢（現・三重県の大半）で土豪の分限に安住し、あるいは他の戦国大名に誼《よしみ》を通じながら、戦《いくさ》働きをしたとすれば、その名はおそらく、戦国史に刻まれることはなかったに違いない。

もともとこの人物は、〝海将〟として毛利水軍を担った能島《のしま》（現・愛媛《えひめ》県今治《いまばり》市）の村上武吉《むらかみたけよし》―元吉《もとよし》父子や、因島《いんのしま》（現・広島県尾道《おのみち》市）の村上吉充《よしみつ》のような、海上戦の用兵的天才ではなかった。個人の資質にしても、右の玄人《くろうと》たちの敵ではなかったろう。

嘉隆に瀬戸内海軍の将領たちより長じた才があったとすれば、主君となった信長の奇抜すぎる発想を拒否することなく、その期待に応《こた》え、それを忍耐強く具現化した、技術者の面ではなかったろうか。

とにかく嘉隆は、信長の無理難題に、全身全霊で答えを出し続けた。

天文《てんぶん》（てんもん、とも）十一年（一五四二）、嘉隆は〝志摩《しま》七人衆〟と称された、伊勢北畠《きたばたけ》氏配下の土豪「九鬼」の家の子に生まれた。

「九鬼」はもともと、九鬼浦（現・三重県尾鷲《おわせ》市）より出た、志摩半島十三地頭の一。

先祖は源平の頃の、海賊「熊野の別当湛増《たんぞう》」に連なる系譜だ、と嘉隆はのちに自己申告しているが、さて、史実はどうであったか、残念ながら確証はない。

明らかなのは、南北朝時代が終わりを迎えた頃（一三六〇年代）、初代の三郎《さぶろう》右衛《え》門尉《もんのじょう》隆義《たかよし》が志摩の波切《なきり》（現・三重県志摩市大王町）に移り、土着したこと。以来、代々この地を中心に「九鬼」は根を張ったわけだ。

ただし、嘉隆は嫡流とはいえ、志摩田城《たしろ》城主・九鬼定隆《さだたか》の次男であった。

兄・浄隆《きよたか》の死後、その子の澄隆《すみたか》を後見したものの、何ぶんにも戦国乱世――伊勢湾・志摩半島の湊《みなと》や航路をめぐる土豪・国人間の対立抗争に呑みこまれ、澄隆のあとを受ける形で家督を継いだものの、嘉隆は生き残り、共存の判断を誤り、本拠地を追われることとなる。

結果、尾張《おわり》（現・愛知県西部）へ逃亡を余儀なくされてしまう。

なぜ、行き先が尾張なのか。

当時、日の出の勢いであった織田信長が、部将の滝川一益を使

●九鬼家系図

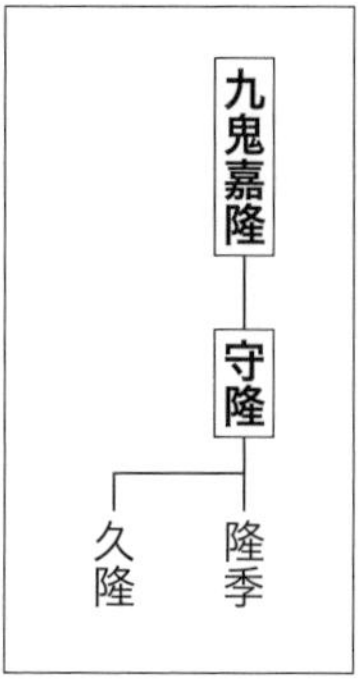

って、しきりと北伊勢攻略の機会をうかがっていたからだ。

おそらく嘉隆は、志摩を追われる以前から、なんらかの交渉を一益ともっていたように思われる。

永禄十二年（一五六九）八月、嘉隆は信長の伊勢大河内城《おおかわち》（現・三重県松阪市）攻めに、船手の大将として参戦。北畠氏と盟約を結んでいた武田氏からの援軍、兵糧《ひょうろう》などの海上輸送を阻止すべく活躍した。

また、大淀城《おおよど》（現・三重県多気郡明和町）攻撃では鉄砲隊を指揮して、「安宅船《あたけ》」（中近世の大型軍船）の甲板《かんぱん》から、鉄砲による攻撃を断行し、激戦の末にこの城を陥落させている。こうした嘉隆の戦法は、当時としては画期的なものといえた。

主君となった信長は、人間を一つの道具としてみる癖《へき》のある人物であったが、このおりの嘉隆の活躍に、使える道具だとの確信を得たようだ。

天正二年（一五七四）七月、信長は嘉隆に伊勢長島攻めの従軍を命じ、海上より敵の拠《よ》る大鳥居の砦《とりで》（現・三重県桑名市）を攻撃させ、さらには、長島城（現・三重県桑名市）を十数艘《そう》の軍船でもって、海上から陥落させている。

かくして嘉隆は、かつての同僚ともいうべき志摩の土豪〝七人衆〟を、己れが配下として従属させ、鳥羽城《とば》（現・三重県鳥羽市）に居住する身分となった。

この時期、嘉隆は信長の次男・信雄《のぶかつ》に直属し、名実ともに志摩の宗主的地位を得ていたが、それでも〝海将〟としての名を、天下に轟かすまでにはいたっていない。

嘉隆の名が、日本中に知られるようになるためには、常勝織田軍団の手痛い海戦での敗戦が、前提として必要であった。

〝鉄の船〟をつくる

天正四年（一五七六）七月十五日、毛利水軍八百余艘の大船団が、摂津の木津川《きづがわ》河口に殺到した。

信長の〝天下布武〟実現の前に大きく立ちはだかった、第二次信長包囲網――その中心ともいうべき大坂本願寺を救援すべく、村上水軍・小早川水軍・川内警固衆《かわのうちけいご》ら、いわゆる毛利水軍の主力が、総力をあげて来襲したのである。

大坂本願寺は、堀を巡らせた台地の上に立つ、寺というよりは防御《ぼうぎょ》に優《すぐ》れた城であった。その堅城へ、本願寺門徒が一致団結して立て籠もっていた。容易に落とせぬ、と悟った信長は糧道を絶って、自滅させる持久戦に持ちこんだ。

大坂本願寺同様に困惑したのが、同盟関係の毛利氏であった。

ここが万一、落城となれば、次には大勢力の織田家を毛利家は一手に引き受けねばならなくなる。

すでに第一次包囲網に参加した浅井《あざい》・朝倉《あさくら》両氏は滅亡し、武田信玄も病没。第二次包囲網に参加した毛利氏にすれば、同盟の本願寺を自己の生き残りのためにも、なんとしても救助せねばならなかった。

これを迎え撃つ織田方は、泉州《せんしゅう》（現・大阪府南西部）を中心とした沼野《ぬまの》一族や宮崎鹿目介《みやざきかなめのすけ》などの指揮のもとに、三百余艘が出撃。両者必死の大海戦となったが、兵数の差に加えて、波の厳しい瀬戸内海で鍛え抜かれた毛利水軍の巧妙な戦術に、織田方は終始、奔弄《ほんろう》され、完敗を喫してしまう。

中でも、村上水軍のごときは、射手船隊五十余艘が、方円（円形）の陣形から鋒矢《ほうし》（矢の形）の備えに変化するなど、水上で自由自在の櫓《ろ》捌《さば》きと、迅速果敢の船隊編成の妙を発揮した。

さらに、矢継ぎ早に繰り出す盲船《めくらぶね》（厚板で装甲した船）や長柄《ながえ》船（長柄槍を持つ兵が乗りこむ船）と、火箭《かせん》（火矢）や「炮烙《ほうらく》」（投げ入れ弾）といった火器による絶妙の連続攻撃――「はしり」と呼ばれる打ちこみ、投梯子《なげばしご》での接舷《せつげん》・乗り移りの戦法に、織田水軍は手も足も出なかった。

織田方の軍船は次々に撃沈され、この間に兵糧《ひょうろう》・武器は、楽々と大坂本願寺へ陸揚げされてしまった。

「やはり、名にし負う瀬戸内で鍛えた水軍は違う。とてもわれらが敵ではない」

その凄《すさ》まじいほどの強さに怖《お》じ気《け》づき、多くの味方の海将たちを失い、途方に暮れていた織田方諸将の中にあって、ひとり信長だけは違った。彼は思いもかけない発想の転換――海上戦での巧妙な敵の動きを、短時日で粉砕する戦法を考えつく。

従来の水軍は、何よりも、機動力重視であった。戦うにせよ、輸送・補給を実施するにしても、迅速さが船の生命《いのち》であったが、信長はこの機動力を否定することで、毛利水軍の息の根を止めようと考えたのだ。

「大坂湾の奥の、狭くて機動力の発揮し難い水域に、海上の〝付城《つけしろ》〟をつくり、敵を待ち受けて戦えばどうだろうか」

海上での合戦に、城を築いて対抗しようというのだ。

要は海の〝付城〟――それも敵の矢、鉄砲はおろか、投げ入れ弾や火矢にも耐え、燃えあがらない、斬りこみも困難な、鉄で覆《おお》われた巨船の建造を信長は考えた。原型は、「安宅船」でよい。

天正六年八月、この信長の思いつきを押しつけられたのが、嘉隆であった。

「鉄張りの大船を六艘、急ぎ建造せよ」

あわせて、伊勢長島の城主となっていた滝川一益にも、白船《しろぶね》仕立ての大船一艘の建造が命じられた。

そして幅七間《けん》（約十二・七メートル）、長さ三十間（約五十四・五メートル）の巨船が、信長の財力を傾けて、急ぎ建造された（長さには諸説ある）。

とくに嘉隆が苦慮したのが、「鉄の船」と異名を取るこれら巨船の重要部分の装甲に鉄板を使用し、火力として六尺から九尺（約一・八～二・七メートル）の大鉄砲（口径二～三センチ）を積みこむことであった。

計七艘の「もと船」（主力船）を実際に見た宣教師オルガンティノは、「ルイス・フロイス宛報告書」

（『耶蘇《やそ》会士日本通信』所収）の中で、

「予は行きてこの大砲とその装置を見たり。また無数の精巧にして大いなる長銃を備えたり。毛利方よりは四月にあらざれば援兵の来ることは不可能なるがゆえに、この間に大坂は亡ぼさるべしと思わる」

と断じている。

二カ月後の天正六年十月十二日、次いで十一月六日、毛利水軍六百余艘が再び木津川へ殺到してきた。嘉隆はいずれの場合も、指揮下の六艘に敵船団を引きつけ、満を持して大砲を撃ち放ち、織田水軍を完勝に導いた。

この大勝で織田方水軍警固衆として、九鬼水軍の名は不動のものとなった。嘉隆は伊勢・志摩に三万五千石を与えられるまでの分限となる。

凡庸の子、偉大な父と戦う

信長の死後、嘉隆は羽柴秀吉に従い、位階は従五位下《じゅごいのげ》で、大隅守《おおすみのかみ》に叙任された。日本史上最大・最強の毛利水軍を倒した、日本一の海将という、計り知れない軍功と、秀吉一代の歴戦――四国・九州征伐、あるいは朝鮮出兵における勇名とともに、嘉隆の存在は豊臣政権下で重きをなした。

が、秀吉の死後、大老として天下の政事《まつりごと》を裁量した徳川家康は、水軍に疎《うと》いこともあって、嘉隆が隣接地の稲葉《いなば》道通《みちとお》（一鉄《いってつ》こと良通《よしみち》の孫、二万七千余石）と揉《も》めたとき、道通に有利な判決を下してしまう。

嘉隆にすれば、これまでの己れの名誉をすべて否定、無視されたようで堪《たま》らない。

鬱憤《うつぷん》の募《つの》った嘉隆は、頭を剃《そ》って隠居し、家督を嫡子の守隆《もりたか》に譲って城を出、領内に別邸をつくって移り住む。

――そこへ、慶長五年（一六〇〇）九月、関ヶ原の戦いが勃発した。

「家康を討つ」

石田三成が束ねる西軍の使者の一言に、隠居の嘉隆は膝《ひざ》を叩いて快諾、同心を誓った。

ただし、このとき、息子の守隆は家康の幕下にあって、すでに前哨戦《ぜんしょうせん》の上杉征伐軍に参加している。

それがのちの、関ヶ原の戦いにおける東軍となるわけで、当然、わが子とは敵味方とならざるを得ない。

「しかたがないのぉ」

戦国争乱の中で叩きあげてきた嘉隆は、真っ黒な顔に胴間声《どうまごえ》で、きっぱりと言った。

復讐《ふくしゅう》と恩賞――この二つと、わが子を天秤《てんびん》にかければ、守隆の見殺しもいたしかたない、とこの海将は結論づけたのである。

息子に譲った鳥羽城を力尽《ちからづ》くで奪い返し、海上に軍船を浮かべ、神出鬼没に、沿岸にある東軍側の領地を荒らし回った。

この効果は、予想以上に東軍側にダメージを与え、さしもの家康をも狼狽《ろうばい》させた。

対抗しようにも、相手は日本一の海将である。苦慮した末、家康は陣中の守隆を呼び、志摩・伊勢の奪還《だっかん》を命じた。

成功すれば、新たに南伊勢に五郡を与える、とまでの好条件を持ち出している。

いわば、九鬼水軍同士を噛《か》み合わせようというわけだ。

二代目の守隆は、若いが時勢をしっかりと見ていた。

次は家康の天下だ、と。

「帰順されますように――」

と父へ手紙を出したが、嘉隆は鼻先でせせら笑った。しかし、面と向かって父が子を討つというのもいかがなものか。

「ならば、ふりだけつきあってやろう」

嘉隆は守隆の軍船と戦うふりをし、海上で華やかに大鉄砲を撃ち、鬩《せめ》ぎ合っている格好をした。そうこうするうちに、西軍の敗北が決まってしまう。

嘉隆の決断は、さすがに早い。自軍の家来たちに守隆のもとへ、こっそり帰るように指示し、自らは下船するやさまざまな姿に変装して、熊野の山中へ逃げこんだ。

守隆は家康へ生命乞《いのちご》いをしたが、その結果を待たずに嘉隆は、

「もはやこれまで――」

と、潜居先で自害して果《は》てる。享年五十九。

守隆は家康より加増されて五万六千石を領有したが、

「九鬼水軍は、やはり恐るべし」

その印象を徳川家に、強く植えつけすぎたようだ。

九鬼氏はその後、寛永《かんえい》十年（一六三三）になって、摂津三田《さんだ》（現・兵庫県三田市／三万六千石）と丹波《たんば》綾部《あやべ》（現・京都府綾部市／二万石）に転封・分封となり、陸《おか》に揚がった河童《カッパ》となってしまった。

その代わり、家は幕末まで存続し得た、ともいえる。

〈六〉細川忠興➡忠利➡光尚　戦国乱世の父と泰平の世の子

子に干渉する父

元和二年（一六一六）四月十七日、天下統一を一代で成し遂げた徳川家康が没した。

幕府の主導権は、名実ともに二代将軍・秀忠に移ったわけだが、この秀忠の境遇を、心底、羨《うらや》ましく思っていたのは、あるいは、豊前小《こ》倉《くら》藩主・細川忠利《ほそかわただとし》であったかもしれない。

豊前八郡に豊後《ぶんご》三郡をあわせて、三十九万九千石（一説に三十四万石）を領有する忠利には、隠居してなお政事に口を挟《はさ》み、細々《こまごま》と世話を焼く父・忠興《ただおき》（三斎《さんさい》）がいた。

「仕方あるまいか……」

もし、忠利の胸中を忖度《そんたく》すれば、この名君の溜《た》め息《いき》まじりの声が聞けたかもしれない。何しろ、忠利には父に面と向かって、強弁のできない事情があった。宿命といっていい。

天正十四年（一五八六）生まれの忠利には、二人の兄がいた。本来であれば、忠利は家督相続の立場にはなかった。

その二人の兄――忠隆《ただたか》と興秋《おきあき》は、ともに名将・名君の資質に恵まれながら、父・忠興の逆鱗《げきりん》にふれて次期藩主の座を去り、気がつけば、そのお鉢《はち》が自分に回ってきたのだ。

長兄の忠隆はその室を前田家から迎えたことを非難され、次兄の興秋は豊臣恩顧を主張して大坂城へ参じ、各々、承継の地位を失ってしまった。

三男の忠利は、関ヶ原の戦いがおこなわれた慶長五年（一六〇〇）の正月以来、徳川家康の人質として江戸に送られていたこともあって、幕府の覚えもよかった。

次いで慶長九年、忠利は細川家の「嫡子《ちゃくし》」に決定した。藤孝《ふじたか》（幽斎《ゆうさい》）から数えての三代が内定したわけだが、忠利にとって父・忠興は、終生、仕えづらい人でありつづけたことに変わりはない。もっとも、父にも言い分はあった。

忠利は生来の病弱で、忠興には、この三番目の息子が、何かにつけて頼りなく見えてしかたがなかった。わが子に二千通もの手紙を書き、忠利は閉口しつつも三千の返書を認《したた》めている（これらは、すべて現存している）。

●細川家系図

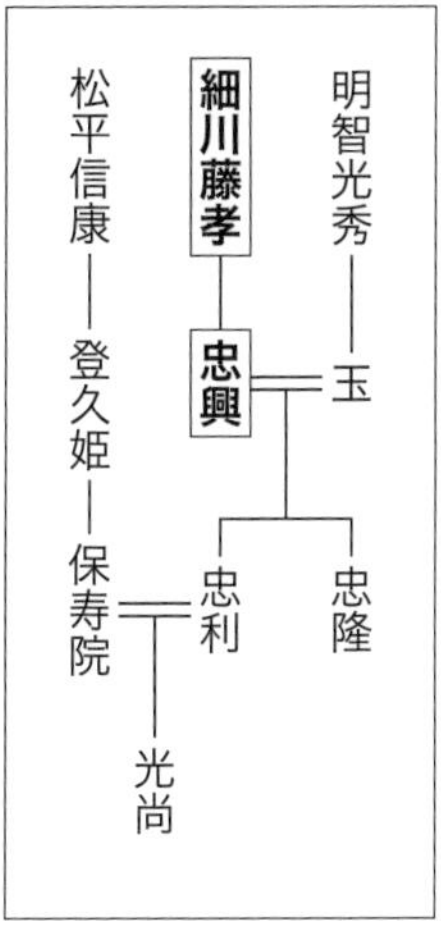

ただ返事を書くだけではない。忠興の指図《さしず》により、そのときどきの役割をあてがわれ、それを忠実にこなさなければならなかった。たとえば、関ヶ原の決戦前――正確には七月九日の時点で、秀忠が会津に向かって江戸を発《た》つとの報を受けた忠興は、書状を忠利に送

り、ともかく、秀忠についていけと命じている。万一、出陣のお供が許されないときは、二里（約八キロ）も三里もついていって、秀忠が休息するごとに、その陣中を見舞えという。

忠興にいわせると、こうした行為は出陣ではなく見舞いであるから、決して咎《とが》められることはない。そのうちに秀忠も根負けして、出陣の許可を出すであろうから、そのときには上杉征伐軍（のちの東軍）が合流したところで、細川家の陣に呼んでやる、と忠興は一方的に述べている。

忠利は、父に指示されるままに実行した。出陣はついに許されなかったが、忠利の態度に好感を持った秀忠は、そのおこないを称賛し、己れの諱の一字〝忠〟に官名の「内記《ないき》」を添えて忠利に与えた。また、格別の好意をもって、長岡姓の名乗りを本姓の「細川」に戻すよう言葉を尽くしている。

忠興の指図は、細川家にとって適切であったといっていい。

何しろこの父には、先代の藤孝以来の人脈にも増して、重厚な交際・社交があった。

忠興はそうした人脈を活用し、幕府内の情勢をつぶさに収集、たんねんに分析しては忠利に詳細を伝えていた。彼のそうした感度はきわめて高く、幕閣の本多《ほんだ》正純《まさずみ》が失脚した頃には、新たに台頭した土井利勝と結んでいるといった的確さであった。

――元和七年六月二十三日、忠利は細川家の家督を相続した。

のち、寛永十八年（一六四一）に忠利は五十六歳で没するが、父の忠興が八十三歳の長寿でこの世を去ったのは、その四年後のことであった。

小倉城（福岡県北九州市）
文化人としても名高い細川忠興が工夫を凝らした「唐造り（からづくり）」の天守。
5階が4階よりも大きく張り出す独特の形状で、南蛮造りともいわれる。

したがって、忠利は生涯、父の存在を念頭において政事にたずさわることになる。

さて、細川家が豊前小倉藩を統治したのは、中津城を本拠とした時代も含めると三十二年間――旧秩序から新体制への転換、領内地侍や百姓の鎮圧など、ことごとくは前統治者の黒田官兵衛（孝高・如水）―長政の治政十三年で完了していたため、細川家の治政にはさして難問があったわけではない。

忠利は父や兄とは異なり、殖産に意を傾注した。豊前呼野《よぶの》（現・福岡県北九州市小倉南区）に採銅所を開設し、金の採掘を奨励《しょうれい》する一方で、自身も採取した金をもって観音《かんのん》像を鋳造、秘蔵したと伝えられている。

また、晩年は大奥の実力者・春日局《かすがのつぼね》から二百五十両を預けられ、今風にいうところの〝財テク〟を任されたりもしたようだ。

そもそも、春日局は明智光秀の腹心・斎藤利三《としみつ》の娘であったが、利三の母は光秀の妹であった。つまり、忠利の母・玉《たま》（ガラシャ夫人）と利三は従兄妹《いとこ》になる。そうした縁から山崎の合戦後、光秀に殉《じゅん》じて非業の最期を遂げた利三に代わって、その子・利宗《としむね》（利光《としみつ》とも）と三存《みつなか》を玉は匿《かくま》い、のちに夫・忠興によって助命歎願がなされた経緯もあった。

利光・三存両名の妹が、お福《ふく》こと、のちの春日局である。

春日局は三代将軍家光の乳母となり権勢を誇ったが、夫の稲葉《いなば》正成《まさなり》との間に正勝《まさかつ》・正定《まささだ》・正利《まさとし》の男子三人をもうけ、中でも正勝が将軍・家光の寵《ちょう》を得て出世し、老中となったことで、当時、幕府内に隠然たる力をもっていた。

親戚筋である七歳年少の忠利に対して、春日局は終始、信頼関係を示しつづけている。忠利のほうも進物、とくに将軍の御台所《みだいどころ》や姫、諸侯の奥などに関しては、春日局に細々とした相談を持ちかけていた。

熊本へ移封の際の叡智

そうした一方で、父の厳命でもあったのだろう、忠利は泰平の世を逆手《さかて》に取るようなこともしている。

かつて、祖父藤孝が、戦国乱世の真《ま》っ只中《ただなか》で、己れの存在を歌学によって印象づけたごとく、忠利はすでに戦乱が終息した世の中にあって、あえて武張《ぶば》った弓馬術、槍術、剣術の稽古を家臣たちに督励《とくれい》し、自身も病弱の身をかばいつつ精進《しょうじん》した。

そのかいあって寛永十四年(一六三七)、島原《しまばら》・天草《あまくさ》の乱が勃発するや、江戸にあった忠利は現地に急行。二万九千の藩兵を率いて幕府軍の中核を担い、さらなる武名をあげている。

もっとも、忠利にとっての試練といえば、島原・天草の乱の以前、寛永九年に肥後《ひご》(現・熊本県)五十四万石に加増され、入封したおりであったろう。

何ぶんにも肥後という地は、守護大名から戦国大名といった統一政権をもたず、辺境型の領主(国人）が五十数家も蟠踞《ばんきよ》し、かつては豊臣政権下において、この地に入封した佐々成政《さっさなりまさ》の統治に諍《あらが》い、ついには一揆をもって抵抗、成政を切腹に追いやった経緯もある。

その後、加藤清正《かとうきよまさ》、小西行長《こにしゆきなが》の分割統治時代を経《へ》て、関ヶ原の合戦後に清正が五十二万石で治めたものの、清正の亡きあとは、後継者の忠広《ただひろ》が幼かったこともあって内訌《ないこう》が絶えず、大坂の陣のおりには、あろうことか家老が大坂方に内通したとの風聞が流れ、幕府の厳しい糾弾《きゅうだん》にさらされるありさまであった。

幕府は半ば罪状を捏造《ねつぞう》し、忠広を肥後から出羽《でわ》庄内《しょうない》（一万石）に減・移封したが、無論、加藤家の家臣たちは、こうした一連の幕府の措置《そち》に納得していない。

主家が改易となり、牢人した旧臣たちは、そのまま肥後に居座った。そうしたところに入封してきたのが細川家であった。対処を誤れば、佐々成政や加藤忠広の二の舞いになりかねなかった。

忠利は熟慮の末、肥後入りに際し、加藤清正の位牌《いはい》を先頭に行列を進めることとした。しかも、熊本城に到着するや、西大手門前に履物《はきもの》を脱《ぬ》ぎ、敷居を押し戴くと、

「本日より肥後五十四万石の城地を、拝領つかまつる」

と恭《うやうや》しく挨拶をし、天守にのぼると、

「清正《せいしょうこう》公のお墓は、いずれの方角か」

まずは加藤家の旧臣に問い、指された方向に深々と頭《こうべ》を垂れた。翌日には清正の墓参りをなし、素

早く旧臣たちを多数召し抱え万事にそつがない。とくに民政には心をとめ、忠利は自身で国中を視察すると、庄屋や百姓とも語らい、参勤交代を延期してまでも慎重な対応をしている。

また、民の意見に耳を傾けるべく、目安箱《めやすばこ》を設置するなどの工夫をした。ために、百姓の人口は五十年を経て、二倍にまで増加している。

忠利が領内の行政を進めるにあたり、とくに慎重を期したのには、今一つの理由があった。

豊前国を黒田家から引き継いだおりのことである。前領主の黒田家では、転封に際して年貢《ねんぐ》引き継ぎの業務をせずに、すでに収納していた年貢米を持ったまま筑前《ちくぜん》(現・福岡県北西部)へ移った。

最初のうちは、なんらかの手違いであろう、と忠興は家臣を派遣し、黒田家に返納を交渉させたが、先方の言を左右に返納に応じない態度に接し、直情径行の彼は激昂《げっこう》した。

存命中であった家康に内々の伺《うかが》いを立て、細川家の正当性が内示されるや、黒田家の藩船を差し押さえたのである。

このあたり、いかにも忠興らしい。黒田家がこれに対抗して、藩船を回航することにでもなれば、両藩の海戦に発展する可能性もあった。これには近隣の大名が驚いた。

世はまさに、徳川家の大名家取り潰し政策たけなわであった。山内《やまうち》家や片桐《かたぎり》家などが調停し、どうにか事なきを得たが、一つ間違えば両家は改易となったであろう。

後継者の忠利にとっては、笑ってすませられるものではなかった。

忠利は、極度の倹約を自らに課した。熊本藩は表高《おもてだか》五十四万石に対し、実高は約七十五万石もあった。農業人口が増加するにつれ、さらに生産性はあがる。ところが、公務・軍役を除いて、忠利があまりにも吝嗇《りんしょく》ぶりを発揮するので、家老の長岡《ながおか》（米田《こめだ》）監物《けんもつ》が諫言すると、忠利は次のように答えた。

「せっかく大国肥後を拝領したからには、せめてご公儀《こうぎ》（幕府）の軍役の人数では、他国に劣らぬよう、遠征十年を異国で送ろうとも遺漏《いろう》のない準備をしておきたい」

聞いた監物の答えがまた、いかにも細川家の臣らしい。

「八年の蓄《たくわ》えは心安く候ふべし」（『妙解《みょうげ》君遺事《くんいじ》』）

軍役は表高によって定められている。五十四万石に対しては、一万七百十五人となるのだが、先にもふれたごとく、忠利は島原・天草の乱では二万九千人の藩兵を出陣させていた。

「さすがは細川どの——」

幕閣は無論のこと、諸侯の感嘆の声も頷《うなず》けようというもの。そればかりか、原城（現・長崎県南島原市）に立て籠もった一揆軍に、本丸をはじめ多くの城砦に一番乗りを果たしたのも、細川家の家臣であれば、天草四郎《あまくさしろう》の首級《しるし》をあげたのも、同じく家臣の陣佐左衛門《じんすけざえもん》であった。

生まれながらの人脈と忠利流「帝王学」のすすめ

細川忠利の死は、今日にいう脳卒中であった。

危篤《きとく》となり意識不明の状態がつづいたが、やがて忠利は意識を取り戻した。家老の松井興長《おきなが》（別称・長岡佐渡守）を枕元に呼ぶと、

「後継者の光尚《みつなお》がいまだ若年（二十三歳）なので、万事に心をつけて補佐してほしい。父（忠興）は老年ゆえ短慮でもあろうが、気長くお心を安んじてほしい」

と、藩政全般にわたって遺言した。

忠利の死を耳にした将軍家光は、

「越中（忠利）、早く果て候」

と大いに嘆き、急ぎ弔問《ちょうもん》の上使を派遣している。

また、肥後五十四万石の跡目相続の御礼に、光尚が江戸城に赴《おもむ》くと、家光は光尚に次のように語った。

「越中を取り立てたところ、島原・天草の乱では実によく働いてくれた。余は譜代と同様に考えて九州に置いたが、不慮に相果て残念でならぬ。そちは縁つづき（忠利の正室は秀忠の養女）で、余も心安く思っている。いよいよの奉公を頼む。もし、国の仕置きでわからぬことがあれば、遠慮なく、なんなりと聞くがよい」

細川家の基盤は、このときすでに磐石《ばんじゃく》となっていた。

忠利の跡を継いだ光尚ほど、大国肥後熊本藩主の地位に、なんの緊張感もなく無雑作に、ふわりと

坐《すわ》った人も歴代藩主の中にはいなかったのではあるまいか。

光尚は元和五年（一六一九）、豊前中津で生まれた。幼名は忠利と同じ六丸である。

光尚の母は信濃の名族・小笠原秀政《おがさわらひでまさ》の娘で、千代姫《ちよひめ》と呼ばれた女《ひと》であった。千代姫の母、つまり秀政の妻は、徳川家康の長男・信康の長女である。この意味合いは、徳川政権において仰々《ぎょうぎょう》しい。

信康は家康が十代の後半でもうけた最初の子であり、当然のことながら、徳川家を継いでしかるべき立場にあった。が、家康は信長の命令を拒絶できずにこの長男を切腹させている。その悲しみは終生の痛烈な記憶となる。

その信康の長女を母に持つ千代姫は、家康の曾孫にあたり、光尚は将軍家の孫でもあった。まさに、光尚の前途は保証されていたといえる。

しかも光尚には、父・忠利も、ことあるごとに薫陶《くんとう》した忠興という、うるさがたの祖父も健在。

たとえば、寛永六年（一六二九）、光尚が十一歳のおりのことである。

忠興は忠利と早々に、光尚の縁談について協議していた。相手は忠利の妹・万《まん》が、烏丸光賢《からすまるみつかた》に嫁いで産んだ次女の寧々《ねね》。光尚とは従兄妹《いとこ》となる。この人選にも、細川家ならではの配慮がなされていた。

時代は泰平へと推移していたものの、いまだ乱世の余韻は色濃い。光尚が将軍家の養女を母としているからには、交際に気を配り、むしろ権門勢家《けんもんせいか》との交流は避けるべきだとの判断が忠利にはあったようだ。

忠利の意見について、忠興も同意。むかしから、ときの権力者と縁を結んでよかった、という例は稀でしかない。それならば、気心のよく知れた相手で、なお、金のかからぬのが上々というものだ。二人の見解は一致し、光尚の縁談は細川家の外交政策として動き出した。

忠興は盟友の土井利勝を通じて、三代将軍となっていた家光の承認を取りつけ、他にも幕閣などに十二分の根回しをした末に、翌寛永七年四月、幕府の許可を得た。

たかが縁談とはいえ、江戸期の大名家にとって、これほど大きな問題もなかったのである。

細川家では光尚の結婚を、内輪の祝言として質素におこなう心づもりでいた。本来なら、国持ち大名としての面子もあり、屋敷も新築し、他家からの祝儀にも相応に礼を尽くすべきであったろうが、細川家は、いわば身内同士の婚礼という建前をとり、極力、出費を避けようとしたのである。

光尚は、父・忠利の軍役以外の徹底した吝嗇のさまを、己れの結婚を通して体験させられたといえそうだ。

光尚の結婚を機に、忠利は光尚に対する後継者教育を本格的にスタートさせる。

自身が国許《くにもと》にあるときは、留守中の江戸屋敷の運営責任をすべて光尚に負わせたが、中でも注目すべきは、細川家出入りの者への礼状の類《たぐ》いを、留守居と相談のうえで、光尚に一任したことであろう。

江戸も三代将軍家光の時世となると、諸侯の多くは政治から身を引く傾向が強くなっていた。切れ者の重臣が藩政を取り仕切り、江戸や京都在住の留守居役が、幕府や公家、あるいは諸侯の動静に目を向け、ときには裏工作なども担当し、国許に情報を発信した。藩庁はそうした情報をもとに、その対応を協議する仕組みが徐々に固まりつつあった。

「君臨すれども、統治せず」

である。将軍家においても、大名家にしろ、その頂点にあるためには、生半可な人間であってはならなかった。象徴として、組織全体のシンボルとしての頼もしさを、人々に感じさせる存在であることが求められた。

しかし、細川家では当主が象徴に徹するにしても、しっかりとした意思のもとに君臨することを求めた。他の多くの大名家と、根本的に相違したところである。

細川家では藤孝が忠興を鍛え、忠興が細々と忠利に世話を焼き、当主を名君たらしめるべく、代々、努力を積み重ねてきた。

光尚はしたがって、忠利から帝王学の手ほどきを受けたわけだ。忠利は藩主の権限を少しずつ、光尚に譲っていく。

交際中の幕閣や諸侯の見舞いなどを代行させ、面識を深めさせながら雰囲気にも馴染《なじ》ませていった。が、任せ切りにはしていない。監視の目を常に向け、使者の人選などにも詳細なアドバイスをし、わずかな手抜かりも指摘して再び間違えることのないよう念を押した。

忠利が没したおり、光尚は二十三歳で藩主となったが、細川家の栄光は揺るぎないものと思われた。

寛永二十年（一六四三）には、光尚に待望の男子・六丸（のち綱利《つなとし》）が生まれた。跡継ぎにも恵まれた細川家は、さぞや前途の明るさに酔っていたことであろう。

藩主の座につくや光尚は、先代の忠利時代からの懸案事項を、みごとに解決してのける。ことは祖父・忠興の隠居領・八代《やつしろ》（現・熊本県八代市）の取り扱いであった。

細川家が小倉から熊本に移封された際、忠興はそれまで暮らした中津の居を八代城に移した。定めによれば、一国一城でなければならなかったが、肥後は例外的に、薩摩《さつま》（現・鹿児島県西部）国島津家の押さえとして、八代城が認められていたのである。

忠興の隠居料は、小倉藩時代「三万七千石」から、熊本に移封となって「九万二千石」（八代・宇土《うと》・益城《ましき》三郡）に跳《は》ねあがった。隠居料としては異常に高い。そのため忠利は、幕府の心証を恐れ、異母弟・立孝《たつたか》（四男、五男とも）に三万石、また興孝《おきたか》（五男、七男とも）に二万五千石を分知した形をとって、三万七千石との差額分を幕府へ届け出た。

だが、九万二千石を領有する八代は、拠《よ》るべき城もあり、なまじな小大名などよりも力は侮《あなど》り難い。年月が推移すれば、八代は独立藩の体裁をととのえかねない。なろうことなら隠居領を削減して、八代領の家臣団を整理し、本藩主導の体制に従わせたいと忠利は考えたが、忠興の圧力もあってついに実行できなかった。

光尚はこの難問を、みごとに解決している。

正保《しょうほう》二年（一六四五）閏《うるう》五月、立孝が三十一歳でこの世を去り、あとを追うように忠興が没すると、忠興付の家臣の中には、立孝の子・宮松《みやまつ》（行孝《ゆきたか》）を擁して、一挙に八代を独立させようと画策する者も少なくなかった。が、光尚はそれより早く重臣らと密書を交《か》わしながら、隠密裡《おんみつり》にこの件の決着について相談していたのである。

まず、幼少の宮松を他に移すよう計《はか》らい、そのあとに三万石をもって八代に松井興長を据えることを決定。宮松のために、宇土・益城の二郡をさいて三万石を分与する。

血縁よりも人物を重視した決断であった。幕閣への根回しも怠《おこた》りなく、酒井《さかい》讃岐守《さぬきのかみ》（忠勝《ただかつ》）や堀田《ほった》加賀守（正盛《ただもり》）に内意を伝えている。

八代の不穏な動きは、光尚に完全に封じられてしまった。

ところが、光尚は三十一歳の若さで病没してしまう。

慶安《けいあん》二年（一六四九）十二月四日、光尚は突然、頭痛に見舞われて二度ばかり嘔吐《おうと》し、それからは日増しに病状は悪化するばかり――二十四日には酒井忠勝が、将軍家光の命で上使として見舞いに訪れた。光尚はひとり病床で、細川家の行く末を慮《おもんぱか》っていた。見舞いに訪れた忠勝を、光尚は重い病を押して裃《かみしも》を着け出迎える。

当時、重要な城は幼少の者には任せない、といった原則のようなものがあった。光尚の嫡子・六丸は、わずか六歳でしかない。改易か国替《くにがえ》か――細川家に元和以来の、最大の危機が到来した。光尚は

八代城址
加藤家改易後、細川三斎（忠興）が入城。本丸には4層5階の大天守と2層2階の小天守、7棟の櫓などを擁した巨大城郭で、ただの隠居城ではなかったことがわかる。現在、本丸跡は公園として整備され、天守台・本丸跡の石垣、堀などが残る。

捨て身の挙に出た。

子は二人（のち綱利と利重《としげ》）がいるが、ともに幼くて奉公できないので、自分の死後は肥後一国を返上すると忠勝に申し入れたのである。さらに光尚は、かねて準備してあった己れの遺言状を、忠勝に披露した。

忠勝は感きわまって落涙《らくるい》し、取りあえずは自分に一任してほしいと細川邸を出た。

光尚は二十六日、領国返上の遺言状の写しを、使者をもって国許に遣わしている。いつなんどきでも、開城できるよう準備を整えておけというのであった。

同日の晩六ツ半（午後六時）頃、光尚はこの世を去った。享年三十一。殉死者は十一名であった。

光尚は没したが、その遺言状は幕閣の人々の心を揺さぶった。

藤孝から忠興—忠利—光尚と築いてきた親類、縁者、知人といった人脈も、一斉に熊本藩細川家の存続を擁護すべく動きはじめた。先に見た新参の梅原九兵衛が、脇差《わきざし》を固く握りしめて決死の覚悟で幕閣の人々と交渉し、「袖引《そでひき》九兵衛」の異名をとったのは、この頃のことであった。細川家はいい家臣、よき友や親類を持った。

慶安三年四月十八日、将軍・家光は、肥後五十四万石すべてを六丸に相続させるよう申し渡した。決め手は〝信用〟であった。四代に及ぶ真の奉公ぶりが、細川家存亡の危機を救ったのである。

第二章　先代を超えて飛翔した後継者

〈一〉織田信秀⬇信長　英傑の父は英傑であり、深謀遠慮の人であった

「器用」な人格者

創業者（あるいは中興の祖）とその後継者――それも両者が実の父と子とくれば、これほど周囲に興味本位で比較されやすいものもあるまい。

たとえば、戦国の覇王・織田信長《おだのぶなが》とその後継者・信忠《のぶただ》。〝天下布武〟に王手をかけた父に比べて、地味で二十六歳の生涯を、父と同じ〝本能寺の変〟の日に没した息子は、ほとんど顧《かえり》みられることがなかった。

ところが、後世の人々の迂闊《うかつ》さは、歴史の表舞台で大活躍を演じた信長の、その強烈な個性に目を奪われるあまり、その人物を育てた先代に思いをはせることなく、この英傑の育てられ方を学ばない場合が少なくない。

「三つ子の魂百まで」

という。

ある日、突然に信長はできあがったのではない。幼少期に育《はぐく》まれた性質は、その生涯を決定づけた

もの。父・信秀《のぶひで》の存在は、きわめて大きなものであった。

信長の根本資料として、今日でも重宝がられる『信長公記《しんちょうこうき》』（信長の生涯をまとめた軍記）には、その織田信秀について、次のようなくだりが出てくる。

「備後《びんご》殿（信秀）は、取り分け器用《きよう》の仁《じん》にて、諸家中の能者《のうしゃ》とも御知音《ごちいん》なされ、御手《おて》に付けられ〈後略〉」

この時代、人を評するのに「器用」という言葉がしきりと使われた。が、この単語は後世に、その意味が衰弱してしまったものの、本来は華《はな》やいで実がともない、さらには清潔だ、との語感を纏《まと》っていた。つまりは、このうえもない褒《ほ》め言葉であったわけだ。換言すれば、信秀は紛《まぎ》れもない一廉《ひとかど》の人物であったといえる。

永正《えいしょう》八年（一五一一）、信秀は尾張国《おわり》（現・愛知県西部）下四郡を支配する、清洲《きよす》織田氏（大和守家《やまとのかみけ》）の傍流・織田弾正忠《だんじょうのじょう》（だんじょうのちゅう、とも）家＝信定《のぶさだ》の嗣子《しし》として生まれていた（生年には異説あり）。

●織田家系図

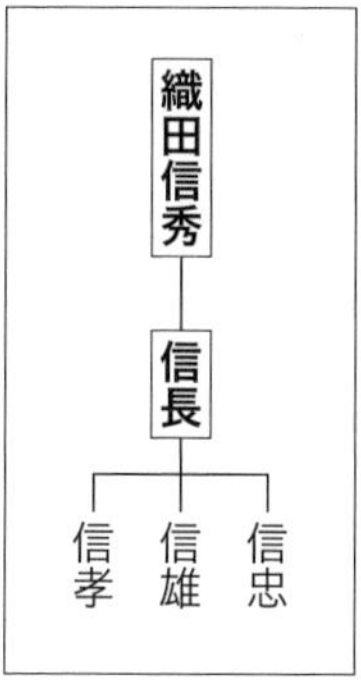

この信定は大和守家に仕える清洲三奉行の一人であり、尾張の西端・海部《あま》郡勝幡《しょばた》（現・愛知県稲沢《いなざわ》市から愛西《あいさい》市にまたがる一帯）に居城し、尾張の西南部＝津島一帯――伊勢湾交易の要衝――を領有していたことから、国内きっての資産家として知られていた。

家督を継いだ信秀は、三奉行の一人としての地位に甘んじることなく、持てる財力をフルに活用して、次第に頭角を現し、主家である尾張守護代をも圧倒する。と同時に、己《おの》れの視野を広げる努力も忘れなかった。

たとえば、信長が生まれる前年の天文《てんぶん》（てんもん、とも）二年（一五三三）、信秀は蹴鞠《けまり》と歌道を伝授してもらうため、京都から公卿《くぎょう》で蹴鞠の名家でもある飛鳥井雅綱《あすかいまさつな》を、尾張に招いている。一行には朝廷の管弦を管理・監督し、衣紋《えもん》・装束《しょうぞく》の作法を司《つかさど》る有職故実《ゆうそくこじつ》家の山科言継《やましなときつぐ》も同道していた。

信秀は己《おの》が勝幡城内に、彼らの宿舎を新築したが、言継はこの建物の豪華なことに驚いたという。

信秀は上方京洛《かみがたきょうらく》の情勢を、こういう形で探《さぐ》り、学んでいたのである。ときに、二十三歳。

財力もさりながら、信秀の凄《すご》みはその〝大局観〟（先見性）にあった、といえるかもしれない。

京都を灰燼《かいじん》に帰し、室町《むろまち》幕府を衰弱させた応仁《おうにん》・文明《ぶんめい》の乱——その正体である「下剋上《げこくじょう》」の潮流を、この人物は目ざとく読む能力、的確に対処する行動力、織田家を拡張させる具体策を講じる頭脳を、共々に備えもっていた。

のみならず、稀有《けう》ともいうべき軍事・謀略の才にも恵まれ、人心掌握にも長じ、まさに乱世の上昇気流に乗るための、あらゆる条件をあわせ持っていたといえる。

その証左がこの時代、大いに流行《はや》っていた「一味《いちみ》」という言葉の理解であった。

室町将軍家を頂点として、地方の将軍たる守護職、その下にいる守護代、村落を区分単位で束《たば》ねる地頭、さらにはその下で地を這《は》い回っている国人《こくじん》・土豪（有力豪族）、地侍《じざむらい》、その下の百姓といった、上から下までのピラミッド型に整理された、既成の階層に対して、国人や百姓たちが農耕技術の向上、生産力の増大などにともない、武器を蓄え、集団で使用し、ピラミッド型社会を突き崩《くず》すかのように、他の地域の人々と、一つの目的のもとに、横に連帯する動きが顕著となっていた。

この集《つど》い＝「寄合《よりあい》」（合議）を開くことを、一般には「一味」に加わると称した。

室町体制という縦の系列に対して、まったく異質なつながりであったところに、その特色があり、用水のこと、境界線の山林伐採《ばっさい》のこと、一揆のことなどを、彼らは集まって話し合った。

――信秀はこの「一味」に、いち早く目をつけている。

尾張という一地方の身分社会を、底辺の層から自派勢力に取りこんでいったのである。

いわゆる、〝触頭《ふれがしら》〟的な存在に自らを仕立て、尾張の土台ともいうべき底辺の兵力を率いては国境を侵《おか》し、隣国三河《みかわ》（現・愛知県東部）や美濃《みの》（現・岐阜県南部）へ攻めこんだ。

信秀は、不安定な尾張国内での基盤を、先に見た公家社会の人気とあわせて、外征によって得られる戦功と名声で、大いに喧伝《けんでん》しようと考えていたようだ。

「偉大な父親像」が遺したもの

誤解のないように蛇足を述べるならば、この頃はまだ、戦国時代も沸点には達していなかった。

信秀にしても、諸制度が緩《ゆる》み、実力本位の世の中になったとはいえ、心情的には滅んだも同然の、守護職・斯波《しば》家の世話を、主家である守護代織田家の肩ごしに焼いている、といったつもりではなかったろうか。

後世に見られるような、下剋上による越権沙汰は、いまだ表面化していなかった。

尾張国において、流血の争いが起こるのは、この信秀が急死してからのこと。

後継者である信長と、周辺の人々との間に軋轢《あつれき》が生じ、国内にひびが入ってからのことであった。

その信長は、天文三年（一五三四）五月十二日、信秀の嫡子（第三子）として、居城の勝幡に生まれている。幼名は、吉法師《きっぽうし》である。

信秀は吉法師の誕生とともに、那古野《なごや》（現・愛知県名古屋市中区）の城を奪取して、吉法師の居城とし、宿老の林 秀貞《はやしひでさだ》、平手政秀《ひらてまさひで》、青山与三右衛門《あおやまよそえもん》、内藤勝介《ないとうしょうすけ》を傅役《もりやく》として配置した。

そして自身は、新たに古渡《ふるわたり》（現・名古屋市中区古渡町）に築城（天文十五年）すると、そこを尾張経略の拠点としたのであった。

信秀はなぜ、このような行動をとったのであろうか。この別居には、信秀なりの吉法師に対する教育方針がかかわっていた。

理屈なしに父を自然と認め、敬慕し、「父に励まされたい」と思うような、そんな吉法師の子供心を形成すべく、信秀は「偉大な父親像」を演じつづけた形跡があった。

そのためには、同じ城にいては何かと具合が悪い。信秀も、生身の人間である。疲労困憊《ひろうこんぱい》しているときもあれば、少々の自儘《じまま》を家族や家臣の前で出す場合もあったろう。女遊びや徹夜の酒宴、怒鳴り散らしたり、刀を抜いたりするような蛮行も、ときにはあったかもしれない。

——信秀は、それらを信長に見られることを恐れたのである。

ゆえに、自身は居城を別にし、吉法師に会うおりには、つとめて名将らしい嗜《たしな》みを見せるべく、懸命に演出し、振る舞った。

信秀がいかにそうした教育に、自信を持っていたか。成長した吉法師が、世に〝大うつけ〟(阿呆《あほう》者)と悪評されても、最後までこの息子を理解、支持した一事からも知れよう。

史上の信秀は、嫡子・庶子ともに十二男七女の子福者《こぶくしゃ》であったが、世継ぎの変更はついぞ考えていない。

そして、自身も通称とした「三郎」を、吉法師に与えている。

信秀の非凡さは、己れの代を〝不安の時代〟、次の吉法師の世を〝危機の時代〟と看破《かんぱ》、峻別《しゅんべつ》していたところにも如実であった。

尋常一様《じんじょういちよう》では、さらなる乱世＝〝危機の時代〟は乗り切れない。克服するためには、並はずれた精神力と体力を持つしかなかった。織田家を飛躍・発展させるか、さもなくば衰退・滅亡させるか、次代の吉法師が担っていることを、先行きの読める信秀は、考えつつ、わが子の教育にあたっていた。

「バサラ」の教育方針

天文十五年（一五四六）、十三歳になった吉法師は、古渡城に行き元服している。城では酒宴が催され、同時に加冠の儀式がおこなわれて、吉法師は織田三郎信長と名乗ることとなった。

一方、信秀が幼少の信長＝吉法師に、独自の教育をおこなっている頃、多くの守護・守護代、それに代わりうる実力者の家では、後継者、次期当主にしかるべき家臣を養育係に付け、高名な公家や学問僧などをできる限り他所から呼び寄せて、次代を担う子供の英才教育にあてていた。

この時代、教養には三つの柱があったといえる。儒学と仏教と歌学である。

とくに歌学は、日本語としての磨《みが》かれた詞藻《しそう》を育《はぐく》むものとして、重要視されていた。教科書は『源氏物語』『古今和歌集』『新古今和歌集』、さらに応用として、室町の武家貴族で流行した「連歌《れんが》」の勉強があげられた。

加えて、中国の古典教養。それらを次から次へと詰めこみ、暗記させて身につけさせ、かたわら脆弱《ぜいじゃく》とならないよう、弓馬術をはじめ武芸にも精を出させる。それが当時の、「帝王学」といってよかったろう。

信長の宿敵となる武田信玄《たけだしんげん》や上杉謙信《うえすぎけんしん》、朝倉義景《あさくらよしかげ》などは、まさにこうした教育を徹底して受けてお

黄金の織田信長公像（岐阜県岐阜市）
マントを羽織り、右手に種子島（鉄砲）、左手に西洋兜を持ち、金色に輝く巨大な信長の銅像。JR岐阜駅の駅前に立つ。

り、今日に残された三人の手紙などを見ると、そうした教養の高さが語彙《ごい》の豊富さとともにうかがえる。

ところが、信秀はこの一般的な「帝王学」の教育を、真っ向から否定した。

「次から次へと題目をもうけては、物ごとの本質を考える余裕がなくなってしまうではないか」

もし、彼に弁明させたならば、信秀は父としてそのように発言したに相違ない。

教養を詰めこむのを、教育だと勘違いしているのは、今も昔も変わらない。だが、人間はＡＩ（人工知能）ではないので、矢継ぎ早に次から次へと駆り立てられては、自発的な思考、個性や情操といったものを、養う暇《いとま》、余裕がなくなってしまう。

信秀はそのことを、自ら実践した一人として、痛感していたように思われる。

その証拠に、自らがわが子の教育を細かく指示することもなく、また、詰めこみ式の教育を施《ほどこ》した形跡も見られなかった。

したい、と本人が自発的に申し出たもの、興味をもったことだけを、徹底してわが子信長にやらせている。

筆者は信秀の教育の背景に、南北朝以来、日本の歴史が育《はぐく》んできた「バサラ」の精神があったことを指摘したい。

「バサラ」とは、仏教の守護神たる十二神将の伐折羅大将《ばさらだいしょう》から来た語句だが、別に神々の持つ武器である金剛杖《こんごうじょう》、独鈷《どっこ》（ヴァージラ）などが訛《なま》って「バサラ」になった、ともいわれる。一言でいえば、不条理に対する抵抗とその打破の精神となろうか。

もう一歩進めれば、何ものにもとらわれない自由な心――むろん、宗教ではない。むしろ、「バサラ」は形骸化した宗教や道徳などを打ち破って、それらからわが身を解き放ち、自由に伸び伸び生きようとする念願を宿《やど》していた。そのため、傍目《はため》には無法、乱暴、奸悪《かんあく》という語感を超えた、「物狂い」の沙汰としか見えない場合が多かった。

「バサラ」は南北朝時代の守護大名、佐々木道誉《ささきどうよ》（諱《いみな》は高氏《たかうじ》）を発祥のように伝えているが、イメージとして道誉と信長には、よく似た美意識、雰囲気が感じられる。

信秀という人のおかしさは、自分はあくまでバランス感覚に富んだ常識人であったにもかかわらず、後継者を己れと同一の鋳型《いがた》にはめようとしなかった点にあった。

換言すれば、「でき損《そこ》ない、大いにけっこうではないか」という姿勢である。人としての完璧を否定し、人格の完成とか、完全な道徳、正確で多面的な知識といった理想を強制することなく、すべてを信長のために、捨て去ったところに信秀の凄みはあった。

後年、信長に煩悩《ぼんのう》や劣等感の片鱗《へんりん》さえなかったのは、こうした父の教育の成果であったといえよう。

信秀は四十一歳でこの世を去り、このおり十八歳であった信長は、父の教えを胸に、天下統一を目指して、四十九歳の生涯を駆け抜けた。

〈二〉龍造寺隆信➡鍋島直茂 心ならずも主家を乗っ取ったのは卓越した手腕ゆえ

大逆転の今山合戦

元亀《げんき》元年（一五七〇）八月、肥前《ひぜん》（現・佐賀県と長崎県の大半）佐嘉《さが》城（のちの佐賀城）内には張りつめた空気が漂《ただよ》っていた。

無理もない。城の周囲は豊後《ぶんご》（現・大分県の大半）の大名、大友宗麟《おおともそうりん》の兵によって、完全に包囲されていた。その数六万（一説には八万とも）、なんとしても彼らは龍造寺《りゅうぞうじ》隆信《たかのぶ》の首をあげるつもりでいた。

対する龍造寺軍の総兵力は、五千あまり。

それでも五カ月もの間、持ちこたえることができたのは、将兵の団結心、城攻めの難しさゆえであったろうか。

ただし、必死の抗戦はつづけて来たものの、城方には勝機が皆目見えない。

何しろ援軍の見こみはなく、ひたすら食糧と気力、体力を消耗《しょうもう》していくばかりの日々がつづいていた。降伏するか、もしくは玉砕《ぎょくさい》覚悟で決戦を挑《いど》むか——。

重臣たちはことごとく、〝肥前の熊〟と異名をとった、主君・龍造寺隆信の顔を見あげた。

隆信は享禄《きょうろく》二年（一五二九）二月十五日生まれ、東肥前の土豪（それも滅亡寸前まで追いつめられた）の地位からスタートして、一代で自立できるところまで来た。

しかし、東には大友の大勢力があり、南には島津《しまづ》の強兵が北上の機会を狙《ねら》っていた。

そこへ割って入り、いわば〝九州三国志〟の形勢となりつつあったものの、隆信は本家の『三国志』の中で、一番弱小の蜀漢《しょくかん》＝劉備《りゅうび》ほどの勢力もなかった。

それどころか、まさに風前の燈《ともしび》——。

今一方の大友の攻囲軍に、窮し切っているところへ、さらに宗麟の一族（一説に弟）・親貞《ちかさだ》が、今山《いまやま》（現・佐賀県佐賀市大和町《やまとちょう》久留間《くるま》）に着陣したという。

しかも総攻撃は、三日後に決したようだ。

●龍造寺家・鍋島家系図

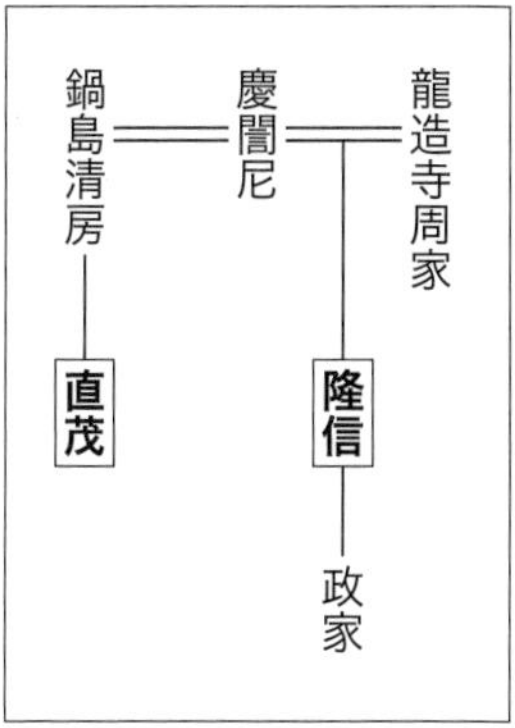

厳重な包囲網を掻《か》い潜《くぐ》って、城外から間諜《かんちょう》がもちかえった情報が、隆信以下家臣たちの表情をいっそう暗くした。

そうしたところへ、今度は、

「今宵《こよい》、今山の本陣で、敵の前祝いの酒宴が開かれるらしい」

との情報が飛びこんできた。

六万対五千。およそ十二倍もの圧倒的な兵力差に、大友軍はすでに勝った気でいるらしい。余裕綽《しゃくしゃく》々である。

ため息をつくか、苦虫《にがむし》を嚙《か》み潰《つぶ》すか。悄然《しょうぜん》とする家臣団の中にあって、隆信だけは怒りに燃えた目を光らせていた。

それを見て、一人の家臣が頷《うなず》いた。主人隆信の義弟でもある、鍋島信生《なべしまのぶなり》（のち直茂《なおしげ》）であった。

「殿、これは千載一遇《せんざいいちぐう》の好機です。今から、今山に仕掛けましょうぞ」

死を賭《と》した、危険な進言であった。

しかし、このまま籠城をつづけていたところで、最終的勝機は訪れない。籠《こ》もるも死、出《い》づるも死であるなら、わずかでも可能性のある方へ。否《いな》、武士らしく果敢に討って出て、前のめりに討死《うちじに》したい。

信生は膠着《こうちゃく》した状況の中で、もたらされたわずかな情報に、一筋の光明を見いだした。

ただし、あまりにも大胆きわまりない策は、大勢にはやけくその愚策と思われた。

さしもの隆信も、容易に決断できない。

「ただ、座して死を待つべきにあらず。この機を逃しては、佐嘉城は敵の手に落ち、龍造寺家は大友氏の軍門に降《くだ》ってしまう命運を辿《たど》りましょう」

信生は必死に熱弁を振るって、ようやく主人の賛同、周囲の納得を得る。

夜陰《やいん》に紛《まぎ》れ、わずか十七騎で城を出撃した信生は、途上で味方と合流しつつ、今山に迫る頃には、その数八百に達していた。六万対八百——七十五対一。

攻撃の手筈《てはず》を打ち合わせたあと、一行は敵に悟られないよう、裏側から今山へ登った。山頂に辿《たど》り着いて見下ろすと、親貞の本陣が見える。数を頼んで油断している敵兵は、まさに酒宴の真っ最中であった。

予想どおりの光景に、ほくそ笑んだ信生と兵たちは、息を殺して大友軍が寝入るのをその場で待った。やがて、うっすらと空が白み始めてきた。意気ごんで待機した兵たちも、さすがに焦《じ》れはじめて来る。

それを知ってか知らずか、澄みわたる空気を信生の号令が引き裂《さ》く。

「今だ、攻撃を開始せよ」

奇襲部隊が鉄砲を放って、山肌を駆け下り、必死の勢いで親貞の本隊へとなだれこむ。大友軍は完全に不意をつかれ、何が起きたのかも理解できぬまま、右往左往しているところを、龍造寺軍によって、次々と斬り殺されていく。

前夜、一足早い戦勝を祝っていた大友の陣営は、阿鼻《あび》叫喚《きょうかん》の地獄絵図と化した。

折り重なる死体の山を踏み越えながら、龍造寺軍の攻撃はやむことがない。

手を休めれば討たれてしまいそうな、そんな恐怖心が彼らを包んでいた。

大友軍の犠牲者は、一説に二千人にのぼったともいう。

混乱の中、大友家主将の親貞も長刀を振るって必死の応戦を試みたが、〝龍造寺四天王〟の一人、成《なり》松信勝《まつのぶかつ》によって、あっけなく討ち取られてしまう。

完全に浮き足だった大友軍は、やがて総崩れとなり、われ先にと敗走していく。

新手を加えた龍造寺軍がこれを追撃し、壊滅的なダメージを与えることに成功する。

「親貞死す」の報は、〝九州の覇王〟宗麟に多大な衝撃を与え、九州全域を制覇しつつあった大友氏の動きを止めた。

今山の戦いでの圧勝は、龍造寺隆信の三国鼎立《ていりつ》に導く大きなきっかけとなった。

この勝利を弾《はず》みとして彼は、ついに〝五州二島（肥前、肥後《ひご》、筑前《ちくぜん》、筑後《ちくご》、豊前《ぶぜん》、壱岐《いき》、対馬《つしま》）の太守〟と呼ばれるまで、身代を大きくすることに成功する。

ひたすら忠義の道を

今山の戦いのみならず、最前線に立って龍造寺氏の躍進を実行して来たのは、鍋島信生であった。

彼は天文七年（一五三八）三月十三日、肥前国佐嘉郡本庄《ほんじょう》村（現・佐賀県佐賀市本庄町）に生まれている。幼名を彦法師《ひこほうし》丸《まる》、通称を孫四郎といった。

鍋島氏は北九州の名族・少弐《しょうに》氏の末裔《まつえい》だと称していたが、実際には永徳《えいとく》年間（一三八一〜八四）に肥前国へ下向した、佐々木源氏の流れを引く京都北野の住人、長岡宗元《ながおかむねもと》（経秀《つねひで》）を祖としている。

次男であった信生は、はじめ西千葉家の養子となったが、十年して佐嘉に召還され、龍造寺隆信への臣従がはじまった。

弘治《こうじ》二年（一五五六）、隆信の実母・慶誾尼《けいぎんに》が信生の父・清房《きよふさ》に再嫁《さいか》したため、信生は隆信と義兄弟の関係となる。

信生はこうした閨閥《けいばつ》もあり、龍造寺氏の有力な譜代家臣となったが、ときに疑り深い隆信と、冷静沈着なわりに大胆不敵な離れ技をやってのける信生の主従は、互いに相性もよかったようだ。

もしこのまま、隆信に何事もなく、龍造寺家が拡大していけば、信生は間違いなく、龍造寺家の重臣として、後世にその名を留《とど》めたであろう。

ところが、予想もしなかった悲運が、ほどなく龍造寺家を襲うことになる。主人隆信の急死であった。事の起こりは、珍しくも主従の意思疎通を欠いたことによった。

天正《てんしょう》十二年（一五八四）、龍造寺氏に臣従していたはずの、島原の有馬晴信《ありまはるのぶ》が、薩摩《さつま》（現・鹿児島県西部）の島津氏と結んで叛旗《はんき》を翻《ひるがえ》し、島原半島の沖田畷《おきたなわて》（現・長崎県島原市）で、龍造寺軍を迎え撃つ事態が起きた。

天正六年十一月の大友対島津の決戦――高城《たかじょう》・耳川《みみかわ》の戦いにおいて、大友軍が完敗を喫したため、〝三国〟のバランスは大きく崩れ、大友の縮小する分、島津の領土は拡大し、ついには龍造寺氏とぶつかることになったのだ。

〝五州二島の太守〟となって以来、隆信はいささか慢心したようで、合戦よりは謀略で敵味方を押さえつけることが多くなり、身体もいつしか肥大して、戦場においても六人担ぎの輿《こし》にしか乗れなくなっていた。

沖田畷の合戦に先だって、信生は自信満々の隆信を懸命に諫《いさ》めている。討って出ず、守りを固めてしかるべし、と。

しかし、かつての大友親貞同様、兵数に驕《おご》る隆信は、信生の言に耳を貸すことなく兵を進め、有馬の援軍に駆けつけた島津軍の、伝統の戦法〝釣《つ》り野伏《のぶせ》りの計〟――伏兵と囮《おとり》部隊を巧妙に組み合わせた、島津忠良《ただよし》（号して日新《じっしん》）の編み出したとされる必勝の戦法――に引っかかってしまう。

「紅炉上《こうろじょう》一点の雪（赤い火のたつ炉上の一点の雪のごとき短い一生であった）」

との言葉を残して、島津軍の河上《かわかみ》（川上）左京亮《さきょうのすけ》に斬られた隆信――。

信生は戦う前から、敗北の場合も想定していたようだ。

もし、信生が隆信個人への忠義だけを考え、進軍を指示していたならば、この一戦で龍造寺家は滅亡したかもしれない。

信生はすぐさま、敗北した龍造寺家の将兵を帰城させている。

勢いづく島津軍の勇猛さに乗って、有馬を加えた連合軍は、やがて佐嘉城の目前まで迫ってきた。

このおり、連合軍は隆信の首を掲げて、開城の要求をしたが、信生はこれを断固拒否する。

結局、主将の島津家久《いえひさ》（忠良の孫、義久《よしひさ》の弟）は攻城を諦め、兵を返した。

この毅然《きぜん》とした行動から、信生は島津氏との和睦《わぼく》に成功する。

隆信亡きあと、龍造寺家の家督は息子の政家《まさいえ》が継いだが、龍造寺一門は領国経営を信生に委任。信生は長崎代官にも任じられ、豊臣秀吉《とよとみひでよし》から与えられた肥前神埼《かんざき》郡（現・佐賀県神埼郡）四万四千五百石を治めることとなる。

島津氏への復讐

やがて天正十五年（一五八七）三月、秀吉が九州征伐に乗り出して来た。

龍造寺の家政を総攬《そうらん》していた信生は、沖田畷の敗戦後、和睦したとはいえ事実上、島津氏の軍門に降っている現状をさらりと捨て、筑後《ちくご》（現・福岡県南西部）・肥後《ひご》（現・熊本県）の中小領主を傘下《さんか》に収めると、島津氏とは手切れを宣言。秀吉軍の先鋒《せんぽう》となって、島津領へ攻めかかった。

実は、信生は九州征伐がはじまる前から、天下統一に大手をかけた秀吉と誼《よしみ》を通じていた。この九州征伐において、信生は秀吉の作戦参謀をつとめたといってよい。

九州の覇権を握りつつあった島津氏も、秀吉の大軍の前にはなすすべがなく、その年の五月、ついに島津義久（忠良の孫）は秀吉の軍門に降った。

信生はみごと、亡き隆信の仇《かたき》を討ったことになる。

しかも、秀吉は信生の軍才を高く評価し、龍造寺家の分国は没収したものの、信生の功に免じて、本国肥前の過半を龍造寺家に安堵《あんど》した。

そして、信生自身は秀吉から直接の朱印状《しゅいんじょう》を賜《たまわ》る。つまり、龍造寺家とは別に、独立した大名となり、所領をあてがわれたのだ。

天正十七年、信生は名を直茂と改める。

翌年、主君の政家は隠居し、龍造寺家の家督はその子高房《たかふさ》に譲られた。

だが、すでに直茂は家政を総攬しており、すべての実権を握っている。

秀吉は龍造寺領安堵の朱印状こそ高房に与えたものの、朝鮮出兵に際しての軍役は、直接、直茂に命じている。

この時、龍造寺家臣団は鍋島軍に編成替えし、文禄《ぶんろく》・慶長《けいちょう》の役（一五九二〜一五九七）を迎えることになる。

一方で、直茂は無位無官のままで冷遇されている高房の任官叙位を秀吉に求めたが、秀吉はすでに「鍋島家」を承認したごとく、逆に直茂の嫡子・勝茂《かつしげ》を大名世子並《なみ》に遇した。

秀吉の死後、関ヶ原の戦いにおいて、直茂は当初、西軍に属していながら、途中、東軍を装い、西軍方の立花宗茂《たちばなむねしげ》の領地＝柳河《やながわ》を攻めたことで、本領を守ることに成功している。

直茂は高房を主君として立てつづけたが、慶長十二年（一六〇七）、高房、その父である政家が相次いで死去したため、幕府は龍造寺宗家の家督を鍋島勝茂が継承することを認め、肥前佐賀藩鍋島家が成立した（三十五万七千石）。

しかもこの家は、明治維新において〝薩長《さっちょう》土肥《どひ》〟に数えられる官軍主力となり、鍋島家はやがて侯爵《こうしゃく》となった。

無論、直茂は未来のことは知らない。彼は元和《げんな》四年（一六一八）六月三日、八十一歳でこの世を去っている。

あの世とやらで旧主の隆信と再会しても、よもや裏切り者とは指弾されることはなかったに違いない。

〈三〉真田幸隆➡昌幸　優秀な後継者を育成する方法

謀才を世襲した一族

一般にいう、〝世襲〟――その家に属した格式や仕事、財産を子々孫々受け継いでいくことは、決して不可能なことではない。

古代から現代まで、連綿とおこなわれて来た。

もっとも、起業家・創業者が一代で身につけた才覚や技術、手法などのことごとくを、完璧に世襲させることは不可能である。

その証左に、いかなる名門・権門勢家も二代、三代と代を経《へ》るごとに弱体化、衰亡への途《みち》をたどっていく。

代を経て、比例して向上する権威・学歴・名誉――比例して低下する実力、将帥能力《リーダーシップ》。徳川将軍家十五人の中で、初代家康を超える人物はついに出なかった。

ところが、日本史を見渡してみると、稀《まれ》ながらこの難問をみごとに覆《くつがえ》して、継承と繁栄の叡智を次代へ取り零《こぼ》すことなく伝え、代々に名将・賢君を輩出した一族も、なくはなかった。

たとえば、現在の長野県上田市真田町《さなだ》——かつての、真田郷・松尾城を本拠とした真田氏がそれである。

初代というべきは、のちに戦国武田家で謀将の名をほしいままにする、真田弾正忠《だんじょうのちゅう》幸隆《ゆきたか》であったが、どうもこの人物の出自は、今一つはっきりしない。

中でも、信濃《しなの》（現・長野県）の名族で小県《ちいさがた》郡を支配していた海野《うんの》棟綱《むねつな》を母方の祖父としたもの、もしくは実父とした系図があり、清和源氏以来の歴代当主の数も、伝えられる系図によってまちまちであった。

信用できるのは、幸隆が永正《えいしょう》十年（一五一三）に生まれ、天正二年（一五七四）五月十九日に六十二歳で没したことのみである。

——これは、諸史料ともに一致していた。

幼名は二郎三郎、諱《いみな》ははじめ「幸綱《ゆきつな》」を名乗ったようだ。剃髪《ていはつ》してのちは、一徳斎《いっとくさい》を称した。

一方、幸隆の跡を継ぎ、武田家からやがて独立し、豊臣秀吉の側近をして「表裏《ひょうり》比《ひ》興《きょう》の者」と評されることになる三男の真田昌幸《まさゆき》は、天文十六年（一五四七）に生まれ、慶長十六年（一六一一）六月四日に他界した、と一応は定説化している。が、生没年には異説も多い。

こちらの幼名は、源五郎《げんごろう》である。

●真田家系図

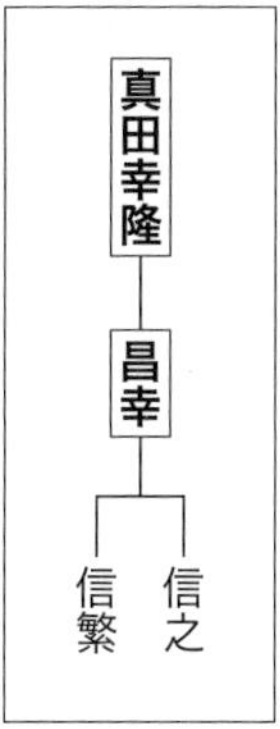

もし、定説が正しいとするならば、昌幸は幸隆が三十五歳のおりにもうけた子ということになる。

では、この頃までに幸隆は、どれほどの実績を築いていたのだろうか。

初代幸隆にとって、否、真田家代々にとっても、命運を賭《と》した一戦となったのが、天文十年五月の海野平《うんのだいら》の合戦であったろう。

この戦いは、甲斐《かい》（現・山梨県）の守護・武田信虎《たけだのぶとら》（信玄の父）が同盟関係にあった諏訪《すわ》氏、村上氏と語らい、信州の小県郡を制圧すべく起こした一連の、合戦の一つであった。

本来、信濃国は守護・小笠原《おがさわら》氏のものであったが、「下剋上」の気運の高まりとともに、国人や土豪といった在地領主が頭をもたげ、徐々に主家＝守護の権益を奪うようになった。

とりわけ東信地方では、真田の本家筋である海野氏や村上氏が台頭し、各々、自家の勢力拡張を企《くわだ》てた。

当初、武田信虎は国境を接する諏訪氏を攻略目標としたが、攻めこんで失敗。しかたなく、和睦した経過があった。

そのため、方向を転じた信虎が狙ったのが佐久《さく》郡であり、その制圧作戦の一環としておこなわれたのが、海野一族の拠《よ》る小県への猛攻であった。

海野家当主の棟綱は嫡男の幸義《ゆきよし》を討たれ、自らは敗れて関東へ逃《のが》れた。

一説には上州箕輪《みのわ》城（現・群馬県高崎市箕郷町）の城主・長野信濃守業政《ながのしなののかみなりまさ》を頼って、身を寄せたこともあったとか。

この棟綱亡命の旅に、二十九歳の幸隆も同行していた。

幸隆は主家を滅ぼし、自身の所領を失うきっかけとなった信虎を、不倶戴天《ふぐたいてん》の敵として狙い、執拗《しつよう》に抗戦を繰り返した。

――しかし、相手は甲斐一国の守護、あまりに巨大で強すぎた。

後世に語り継がれる武田信虎の像は、極端なまでの信玄びいきの反動で、一方的な暴君、人非人と決めつけられることが少なくない。

けれども信虎の実像は、真に名将の名にふさわしいものであり、筆者は合戦の巧者としては戦国期全般でも、五本の指に入れてもおかしくない、と考えてきた。

武田家に随身

幸隆は正面の敵となる以前から、信虎に注目していたのではないか、と思われる。

何しろこの甲斐守護は、劇的な大合戦を演じていた。

大永《だいえい》元年（一五二一）九月のことである。信虎は未曾有《みぞう》の危機に直面した。

駿河《するが》（現・静岡県中部）と遠江《とおとうみ》（現・静岡県西部）に勢力を保有する今川氏親《いまがわうじちか》の部将、福島正成《ふくしままさしげ》の率いる二国の連合軍一万五千が突如、富士川を北上して甲斐領へ進攻を開始したのである。

正成は瞬《また》く間に、甲斐南部を制圧。十月十五日の早朝には、府中を目指して進撃を開始する。この時、信虎の掻《か》き集めた兵力は二千にも満たなかった。

もし、正成の軍勢がそのまま怒濤《どとう》のように、躑躅《つつじ》ヶ《が》崎館《さきやかた》へ押し寄せれば、信虎はひとたまりもなく押し潰されたことだろう。

だが、信虎は慌《あわ》てなかった。

冷厳にあくまで理詰めで状況分析をおこない、圧倒的な不利な状況を奇襲攻撃で有利に逆転させることだけを考えた。

敵は数に驕《おご》って油断している。翼を広げたように、横に延びきった陣型をとって攻めて来た。信虎は、その中央を突破する。弓を射かけ、二千人を必死の強兵に変え、死に物狂いに働かせて、みごとに今川勢の陣型を突き破った。

まさかの敗戦に血相を変えた正成は、数をたのんで、躑躅ヶ崎館を二方向から挟撃、包囲する作戦に出た。

信虎の凄みは、この正成の動きを的確に予測していた点でも如実であった。

敵が分散したところを逆に利用し、十一月二十三日、上条《かみじょう》河原《がわら》（現・山梨県甲斐市中下条付近）へ駒を進め、一気に雌《し》雄《ゆう》を決すべく夜襲戦を敢行する。

この一戦で、今川勢は六百人以上の戦死者と四千人を上回る負傷者を出し、正成も首級《しるし》をあげられてしまった。

後世、「福島乱入事件」として語られるこの一戦は、敵将の心を読み取った名将・信虎ならではの勝利といえるに違いない。

幸隆は、この大敵に刃向《はむか》いつづけた。

当然、身をもって繰り返し、信虎の戦術を思い知らされたことであろう。

ところが、まもなくして情勢が一変する。

天文十年（一五四一）六月、信虎は嫡子晴信《はるのぶ》（のち号して信玄）を擁立した国人連合のクーデターにより、駿府へ追われてしまう。

新たに国主となった信玄は、それまでの父の方針を転換。翌年には同盟の諏訪氏を攻め滅ぼし、着々と信州への領土拡大をはかっていく。

一方、徐々に衰亡へ向かっていた関東管領《かんとうかんれい》・上杉憲政《うえすぎのりまさ》が、天文十五年、関東の雄・北条氏康《ほうじょううじやす》に大敗し、一気にその勢力を致命的に減退させてしまった。

幸隆はこの時期、進退を決しかねる状況に追いこまれていた。そこへ、へりくだって随身を働きかけてきたのが信玄であった。

信虎と型《タイプ》の異なる信玄は、父へ挑《いど》みつづけた幸隆に、怒りの情感を抱かず、むしろ、その知謀を押し戴《いただ》くようにして接した。

『上田・小県誌』（第二巻）では、幸隆の武田家出仕を天文十六年頃と述べている。

なぜ、信玄は幸隆を迎えたのか。

信州への経略に本腰を入れてみて、信玄は三百を超える信濃の国人や土豪に内心、閉口してしまったようだ。

この地方は、それでなくとも山と山に囲まれた盆地が多く、各々が天険の要害を背景として、小独立国家を形成していた。

彼らは統括《とうかつ》する巨大な上部組織を持たなかったため、ときに幸隆のように、上杉憲政と気脈を通じたかと思うと、ある時は北信濃の村上義清《むらかみよしきよ》に庇護《ひご》を乞《こ》い、中信地方の小笠原長時にも臣従する姿勢を示すなどして、侵入してくる甲州勢に、執拗に突っかかってきた。

「五月雨《さみだれ》のようなものだ」

おそらく、信玄は心中でそう思っていたに相違ない。

やむと思えば降り、降ると思えばやむ。

信濃の国人・土豪の反乱も、これに似た繰り返しであった。

切り札は調略

信玄は武力による力攻めの愚を悟り、平和裡《へいわり》に敵陣営を味方に引きこむ作戦をとった。調略である。

幸隆を得たのもこのためであり、幸隆がわが子・昌幸に伝授したのも、これ＝謀略により敵の内訌《ないこう》を誘う戦法であった。

天文十七年（一五四八）二月十四日、信玄は村上義清と信州上田原に戦い、惨敗を喫する。その隙《すき》をついて、甲斐への進攻を企てた小笠原長時は、どうにか退《しりぞ》け得たものの、義清方の戸石城《といし》（砥石城とも）を攻めて再び武田勢は失敗し、退却を余儀なくされてしまう。千人以上の将兵を失った、とも伝えられるこの城攻めを、幸隆はわずか一日で占拠するという、奇跡の軍配ぶりを発揮した。天文二十年五月二十六日のことである。このとき、幸隆は四十歳。昌幸は五歳だった。

多方面にわたる調査の結果、幸隆は戸石城を難攻不落の堅城と判断し、武力による占領は難しい、と結論づけた。

そこで、敵の村上氏の組織内部を分裂させる買収作戦を採用する。義清の有力部将たちを、甲州金や知行地などの〝利〟で釣り、武田家への随身を奨励《しょうれい》した。

「人が利に誘われれば、忠義の心も死の害をも忘れるものだ」

真田家には代々、幸隆以降伝承された格言もある。

戸石城攻略は、幸隆の武田家における地位を一躍、向上させた。

村上義清はほどなく天文二十二年、信州を追われて越後の上杉謙信のもとへ亡命する。

真田幸隆（幸綱）の墓（長野県上田市／上田市マルチメディア情報センター提供）
旧菩提所の長谷寺本堂の裏手に立つ。なお、昌幸の子である信之が松代に転封となった際、長谷寺も松代城下に移り、長国寺と寺名を改めている。

真田幸村公之像（大阪府大阪市/©〈公財〉大阪府観光局提供）
JR玉造駅近くにある三光神社内に立つ。社地は大坂城から東南方向となり、幸村が大坂の陣で造営した出城「真田丸」の址といわれている。大坂の陣では、祖父の幸隆、父の昌幸の知謀を受け継ぎ、獅子奮迅の活躍をして徳川勢を苦しめた。

こうして舞台は、度重《たびかさ》なる信玄と謙信との川中島の合戦（計五回）へ移り、幸隆は後方から謙信を牽制《けんせい》する役割を担う。

川中島の合戦後は、おもに上州侵攻に従事することになる。幸隆の死は、信玄が病死した一年後のことであった。

真田家の家督は長男の信綱《のぶつな》が継ぐが、翌天正三年（一五七五）の長篠・設楽原《したらがはら》の戦いで、次弟・昌輝《まさてる》とともに戦死。跡を三男で三十歳の昌幸が襲った。

昌幸は第四次川中島合戦で初陣《ういじん》したと伝えられるが、以降、信玄の近習《きんじゅう》でありつづけた。

父は子へ、何を伝えたのだろうか。

幸隆、子の源太左衛門《げんたざえもん》信綱に語って曰《いわ》く、持重《じちょう》にして敵の変を伺《うかが》うことは、甲《こう》軍数年の間に熟練せし所なれば、更《さら》に危《あやう》げなし。飄逸《ひょういつ》として（自然体で）敵に向ひ、鼓譟《こそう》して（鼓《つづみ》を打って騒ぎ）変化せしめんとするものは、越後勢の長ずる所なり。信濃の諸士兼ねて存じの上なれば、此後《こんご》とても某《それがし》（幸隆）意を以《もっ》て対陣し、何《い》つも短慮の謙信を怒らせば、味方十分の勝地に居ること、疑ひなきなり。（岡谷《おかのや》繁実《しげざね》著『名将言行録』）

天才的戦術家である謙信を、いかにすれば倒せるのか。越後の押さえとして岩櫃《いわびつ》城（現・群馬県吾妻《あがつま》郡東吾妻町）に入った幸隆は、日夜の別なく打倒謙信の方策ばかりを考え、そしてついに閃《ひらめ》くものを得た。

前記の長男・信綱への教示である。幸隆は徹頭徹尾、謙信を愚弄《ぐろう》し、激怒させようと考えた。

謙信は生まれながらにして、天賦《てんぷ》の武才に恵まれた男である。半面、自尊心《プライド》が高く、単純な中傷や罵詈《ばり》雑言《ぞうごん》に弱い。

幸隆は謙信を挑発しつづけ、戦局判断を鈍《にぶ》らせて、越後兵に苦杯を嘗《な》めさせることに再三成功した。敵の感情を刺激し、己れの得意な領域へ誘いこむ。要は相手の喜怒哀楽の起伏に付け入るというのが、幸隆の会得《えとく》した戦国生き残りの才覚・技術、手法であった、といえそうだ。

相手方の性格、気質を冷厳に客観的に洞察し、計算する——昌幸は落日の武田家の中で、父の生き方を改めて反芻《はんすう》したことであろう。

そして、その謀才は、二人の息子——信之《のぶゆき》と信繁《のぶしげ》（俗称・幸村《ゆきむら》）へと遺漏《いろう》なく受け継がれて行く。

〈四〉武田旧臣➡井伊直政　ライバルに育てられ、鍛えられた若き四天王

家康に見いだされた才覚

〝天下分け目〟の関ヶ原の戦いで、〝四天王〟の一《いつ》・井伊《いい》兵部少輔《ひょうぶのしょう》直政《なおまさ》（四十歳）は、徳川家康の四男＝松平《まつだいら》忠吉《ただよし》の介添《かいぞ》えを、主君・家康から命ぜられた。

この時、忠吉は二十一歳。この若き徳川家の貴公子は、戦いに逸《はや》り、臣下の者がその馬の轡《くつわ》を取って制止しようとすると、それを振り切って突撃しようとした。

思いあまって近習が直政に注進すると、直政はニコリともせずに、言い放ったものだ。

「武士の子を、そのように用心してなんとする。放して討死《うちじに》すればとて、その分《ぶん》のことよ（それだけだ）」

直政の物言いは別段、奇《き》を衒《てら》ってのことではなかった。自らが主君家康の期待に応《こた》える中で、自然と身につけたものであったといえる。

もともと井伊氏は、代々にわたって遠江国井伊谷《いいのや》（現・静岡県浜松市北区）を本拠としていた、今川氏の被官《ひかん》（ここでは大名に従う武士）である。直政は永禄四年（一五六一）生まれ。

井伊家の二十三代当主と伝えられる直政の父・直親《なおちか》が、敵対関係となっていた当時の、家康に通謀

したとの疑いをかけられ、今川家の家中に討ち取られた。

このとき、その子の虎松《とらまつ》（のち万千代《まんちよ》とも）と称した直政にも、殺害の手が伸びたものの、助命を嘆願する者もあって、ひとまず虎松は寺に預けられることとなる。

やがて今川氏が滅び、生母（奥山親朝《おくやまちかとも》の娘、または朝利《ともとし》〈親朝の子〉の娘とも）が再嫁《さいか》したことにより、虎松の運がにわかに開けた。

天正三年（一五七五）の冬、家康は浜松で鷹狩《たかが》りをした際、当時十五歳の虎松を見いだし、一目でその器量が凡庸《ぼんよう》でないことを見抜き、万千代と名づけて三百石を与えている。

あるいは家康は、自身の幼少期と重ねて直政を憐《あわれ》んだのかもしれない。家康自身、三歳で生母の再婚により、生き別れを余儀なくされ、六歳からは人質生活を送り、八歳のおりには父に死別するという、直政と相似た境遇に育っていた。

家康の寵童《ちょうどう》となり、近習となった直政は、翌年の初陣《ういじん》から目に見えて頭角を現した。

それも直政の武功は、常に生命《いのち》がけの、まさに捨て身のものであった。

●井伊家系図

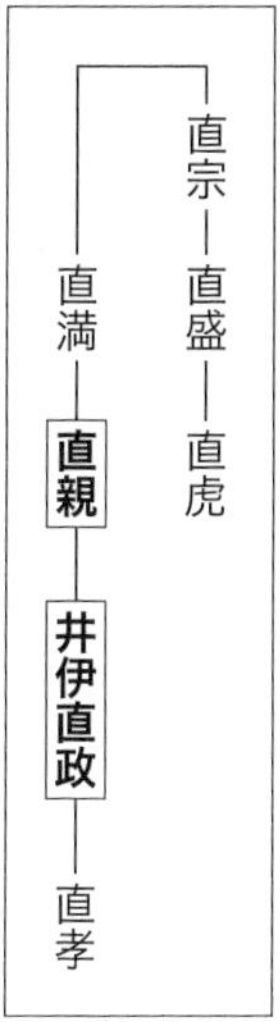

若い頃、まだ万千代と称していた時代に、家康ともども不運な負け戦《いくさ》に出合ったことがあった。主従五、六人が退却の途中、とある神社に赤飯が供えられているのを見つけた。

朝から何も食していない家康主従は、それをむさぼるようにして食べたが、一人、直政は赤飯に手を出さなかった。

「飢えをしのがぬは、馬鹿者ぞ」

家康が気づかうと、直政は次のように答えた。

「それがしは一人、ここに踏みとどまって討死をする覚悟にございます。それがしが防いでいる間に、どうか殿はお退《ひ》きください。それがしが死んでのち、敵が社頭《しやとう》の赤飯を盗み食いした、と嫌疑をかけられてはいかにも無念。それゆえ、それがしは食しませぬ」

家康は三河中心主義を生涯、貫いた男である。それが一人、新参といってもよい直政を、破格に取り立てた。よほどの奉公ぶり、直政の知略と武辺が他に際立っていたからであろう。

井伊の「赤備」と生涯のライバル

長年、家康を苦しめてきた戦国最強と謳《うた》われた武田氏が、信玄の後継・勝頼《かつより》の代で滅亡した。天正十年（一五八二）のことである。この時、家康は武田家の遺臣七十四騎と、名のある坂東武者《ばんどうむしや》四十三騎を直政に与えた。あわせて、〝武田二十四将〟の一として、武名の高かった山県昌景《やまがたまさかげ》の率いた「赤備《あかぞなえ》」を、直政に受け継がせている。具足《ぐそく》、旗指物《はたさしもの》、鞍《くら》、鐙《あぶみ》、鞭《むち》にいたるまで、武装を朱一色に染めた軍団＝「赤備」が、徳川家の中に再編された。

見方を変えれば、この「赤備」を直政が継承したということは、彼の井伊家が徳川家の最強軍団――軍役でいえば、先鋒《せんぽう》を務める宿命を担ったことを意味したわけだ。

生涯、生疵《なまきず》の絶えなかった、先陣駆けの直政にとっては、その生き方が認められたという証《あかし》でもあったろう。

井伊家の「赤備」がその勇名を馳せるのは、天正十二年の家康と羽柴《はしば》（のち豊臣）秀吉が戦った、小《こ》牧《まき》・長久手《ながくて》の戦いに、直政が先鋒をつとめたことによる。

わずか二十四歳の、鬼神もこれを避けるような直政の奮戦ぶりは、敵の秀吉方の諸将をして、〝赤鬼〟と言わしめたほどであった。

その武功もあり、直政は小田原征討ののちに、上野《こうずけ》国箕輪《みのわ》（現・群馬県高崎市）十二万石を与えられ、若輩《じゃくはい》にして新参ながら、並いる三河譜代《ふだい》の直臣《じきしん》の中で、堂々たる徳川家の重鎮の座におさまった。

直政は少年時代から向こう気が強かったが、それに加えて家康が召し抱えた武田の旧臣たちが、直政を自分たちの主人らしく教育した。この点は、見落としてはならない。

彼らは家康の家臣の中で、最も武名の高い〝四天王〟の一・本多平八郎忠勝《ほんだへいはちろうただかつ》を引き合いに出し、その采配《さいはい》を「退かず進まず」の明敏なものと激賞した。そのうえで、「武田信玄が上杉謙信を宿命の好敵手としたように、殿（直政）は忠勝さまを〝向《む》う指《ざ》す〟（宿敵の）つもりで、戦場に奉公されてはどうか」とたきつけた。

直政の年齢に似合わぬ出世は、常に十三歳年長の本多忠勝を目標にしたところが大きかった。加えて、武田の旧臣たちは血気盛んな主人の手綱《たづな》を取ることも忘れていない。

「殿は合戦を前にするや、ことのほか性急に、戦いに逸《はや》るところがござる。敵方が一里（約四キロ）の間に迫れば、家内の者を誑《たぶら》かしてまでも己れ一人の先駆け、一番槍をつけようとなさる。これはほんに苦々《にがにが》しきことにござる。よく考えてごろうじろ、一軍の大将が一番槍を取ったとて、なんの益《えき》がござろうか。万一、そのために殿が負傷したとしたら、我らは誰の下知《げち》を受けて、合戦をつかまつればよいのか。ご自身の戦功を焦って、数多《あまた》の家臣を見捨てることは、我ら旧主の信玄公も、大殿《おおとの》（家康）もなさらぬところじゃ」

武田の旧臣たちは、資質に優れた主君・直政を心から愛し、敬慕して、懸命にその突撃精神を矯《た》めようと、日々、努力していた。

もっとも直政は、戦場での猛々《たけだけ》しい武者ぶりからは、とうてい考えられないほどに、平素は沈毅《ちんき》で寡黙《かもく》な将であった。家康が直政をとりわけ買っていたのはそのためである。

「直政は口が重いが、一度事が決したなら、躊躇《ちゅうちょ》せず、すぐに実行に移す。わしが考え違いをしたおりは、他の者のおらぬところで、こっそりと意見してくれる。それゆえわしは、何事であれ、直政に内談するのじゃ」

家康は、嫡子・秀忠《ひでただ》の正室である江《ごう》（小督《おごう》・お江与《えよ》とも）に与えた手紙の中で語っていた。

関ヶ原の戦いで直政は、己れが目標として競ってきた本多忠勝とともに、東海道を先発する東軍の軍監《ぐんかん》を命ぜられる。

関ヶ原の決戦

――慶長五年（一六〇〇）九月十五日、いよいよ決戦の日が来た。

深い霧が降りた関ヶ原――午前八時、霧がようやく散りかけている。

その中を直政は、松平忠吉を連れて〝物見《ものみ》〟と味方を偽《いつわ》り、先鋒の福島正則《ふくしままさのり》の軍勢の側をすり抜けた。そして、東軍の最前線へ出ると、正面の敵である宇喜多秀家《うきたひでいえ》の隊へ鉄砲を撃ちかけたのである。

この銃声が、まさに戦闘開始の合図となった。もし、この銃声を直政が轟《とどろ》かせねば、この日、家康の三男・秀忠の率いた徳川正規軍三万八千は戦場に到着しておらず、ほとんど活躍の場がなかった家康は総大将としての面目を、大いに落としたかもしれない。

忠吉と直政の主従は、懸命に西軍に分け入り、島津勢の中央突破に対しても執拗《しつよう》に食らいつき、島津義弘《よしひろ》の甥《おい》・豊久《とよひさ》を討ち取り、各々、自身も銃創《じゅうそう》（銃で撃たれてできた傷）を得ている。

戦いが終わり、肘《ひじ》を布で巻いた手負いの忠吉に付き添い、直政は家康の本陣に戻った。

「逸物《いちもつ》の鷹（家康）の子（忠吉）は、さすがに逸物でござった」

直政が家康に向かって、忠吉をほめると、

「それは鷹匠《たかじょう》（直政）の腕がよいからであろう」

と家康は応じ、手ずから自前の薬を直政の傷口に塗ってやったという。

その場には、福島正則も居合わせていた。この日の朝、直政と忠吉の主従は、福島勢の先鋒隊長・可児才蔵《かにさいぞう》から前線への行く手を阻《はば》まれ、

「今日の先鋒は左衛門大夫《さえもんのたいふ》（福島正則）なるぞ」

と、通せんぼを食らった。

ちなみに、この先鋒隊長は関ヶ原で最も多くの御首級《みしるし》をあげた侍として、後世に記憶されることになる。この才蔵に、ひるむことなく、「物見仕《つかまつ》るのみ」と謀《たばか》りを言い、直政は抜け駆けしたのだが、この掟《おきて》破りの行為を、なんとか正則に認めさせねばならない。そこで直政はまず、

「今朝の先駆けは、戦《いくさ》の潮合《しおあい》によるもので、貴殿を出し抜くつもりは毛頭《もうとう》なかったのだ」

と正則に詫《わ》びた。

家康の御前でもあり、この日、最大の激突を展開した正則の武功は、すでに明らかとなっている。

「ご念のいった申し条、痛み入る」

いつになく正則は、ものわかりのいいところを口にした。

「——野合《のあ》わせ（野戦）は総じて、誰《たれ》の手ということはなく、敵に取りつき、いつにても戦端《せんたん》を開くのがよかろうと存ずる」

さらに言葉を足した正則の応答を聞いて、直政は喜色を浮かべて座を立った。

だが、この知略の将は決して、正則のように単純ではない。一間《いっけん》（約一・八メートル）ほど歩いたところで、ふと立ち止まって踵《きびす》を返すと、正則の傍《かたわ》らに戻ってくるなり、

「左《さ》候《そうら》はば（それなら）、今日の一番合戦はわれらにて候。さよう、お心《こころえ》得賜《たまわ》れよ」

と告げた。これにはさしもの正則も、二の句が継げなかったという。

一説にこの日の一番駆けは、家康の命令ともいう（著者未詳『関ヶ原御《ご》合戦当日記』）。

この合戦の本質を考えれば、あり得ないことではない。が、直政ほどの武将ならば、いちいち家康に命じられなくとも、それだけの気働きをしたに違いあるまい。

戦後、直政は敵将・石田三成の旧領・佐和山《さわやま》（現・滋賀県彦根市）において十八万石を与えられる。

慶長七年（一六〇二）二月一日、この一代の武勲の将は、関ヶ原合戦での戦傷がもとでこの世を去った。享年四十二。

まさに、厄年《やくどし》であった（忠吉は慶長十二年三月に病没。こちらは享年二十八）。

なお、直政の「赤備」は、後継者の井伊直孝《なおたか》（直政の次男）に受け継がれ、大坂の陣で再び活躍することになる。

二人の父とともに

日本史上の奇跡の一つに、戦国時代末期の九州に立花宗茂《たちばなむねしげ》という武将が出現したことがあげられる。何しろこの武将は、生涯〝不敗〟の勝率を戦場であげていた。

しかも、屈託《くったく》がないのだ。当の本人は、自らの〝奇跡〟を次のように答えている。

「彼《か》のなすところを以《もっ》て、これを我になさせば、すなわち克《か》たざることとなし」（岡谷繁実著『名将言行録』）

なあに、敵が仕掛けてこようとすることを、こちらが先にやってしまえば、どうして勝てないことがあるのだ、という。そういえば、天下人となった豊臣秀吉が、宗茂とはじめて公の場で対面したおり、

「その忠義、鎮西一《ちんぜいいち》。その剛勇、また鎮西一」

と、居並ぶ諸侯の前で激賞した。鎮西は九州、あるいは西国《さいごく》といった意味である。ときに宗茂は、二十一歳でしかなかった。

怒濤《どとう》のごとく北上進撃して来る強豪——薩摩と大隅《おおすみ》（現・鹿児島県東部）、日向《ひゅうが》（現・宮崎県）を根拠

とする島津勢を、わずか四千の手勢でもって、博多近郊（現・福岡県福岡市）の立花山城に迎え撃ち、宗茂は秀吉の大軍＝九州征討軍が到着するまで、みごとにこの籠城戦を戦い抜いた。

まさに万人が認める、若き天才戦術家の登場であった。

とにかく合戦に強く、しかも、寡兵《かへい》（少ない兵）をもって大軍を破るという戦術においては、際立《きわだ》った手腕をその生涯に幾度となく発揮している。

これは、大雄小傑雲《たいゆうしょうけつくも》のごとく――といわれた群雄が割拠する九州を、十代から戦場にして来たことと無縁ではあるまい。彼は、一時は全九州を制覇するのではないか、といわれた豊後の大友宗麟（諱は義鎮《よししげ》）の重臣・高橋紹運《たかはしじょううん》（諱は鎮種《しげたね》）を父に、この世に生をうけていた。永禄十年（一五六七）のことである（異説あり）。

幼名を、千熊丸《せんくままる》と名づけられている（のち彌七郎《やしちろう》）。天正九年（一五八一）九月、十五歳のおり、同じ大友家の名門・戸次道雪《べっきどうせつ》（鑑連《あきつら》）にたってと望まれ、その娘の誾千代《ぎんちよ》を娶《めと》って養嗣子《ようしし》となった。養父の道雪は、主君宗麟から大友家の名門・「立花」姓の名乗りを許されたほどの武功の将で（道雪自身は名乗らなかったが）、生涯三十七度の合戦に、一度も負けたことがない、といわれた名将であった。

その勇猛果敢さには類がなく、しかもこの道雪ほど、部下の将

●立花家系図

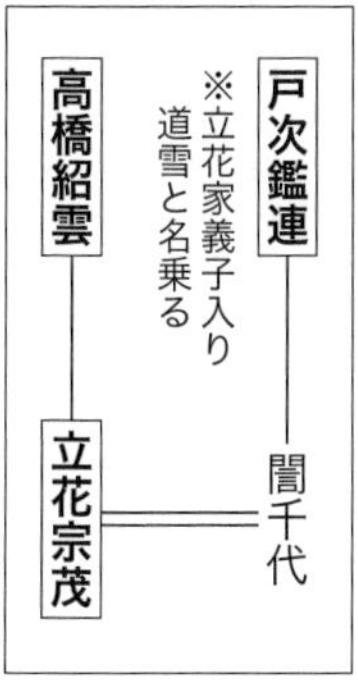

士の心をくみ取っていた武将も少なかったようだ。心憎いまでに、家臣に細やかな配慮を尽くしたことで、将兵たちは「この人のためなら、いつでも生命《いのち》を奉《たてまつ》る」と思い定めていた、と伝えられる。

一方、実父の紹運も、人の心を読む術に秀《ひい》でており、敵味方の心中を掌《たなごころ》を指すように、読み取る名人として知られていた。

宗茂は、この稀代の二人の〝父〟から多年にわたり、薫陶鍛錬《くんとうたんれん》を受けて育ったことになる。懐《なつ》かれて、しかも威《い》のある名将として──。

宗茂は十代半ばから、養父について筑後各地を転戦、将来を大いに嘱望《しょくぼう》されたが、皮肉なことに主家の大友氏は、九州制覇のかかった一大決戦──天正六年の耳川の合戦（現・宮崎県児湯《こゆ》郡木城《きじょう》町）で宿敵・島津氏と戦い、致命的な敗北を喫《きっ》して、名将・豪傑の多くを失い、支配地を奪われ、その威望を大いに失墜させてしまう。

宗茂も二人の父も、各々、筑後に出兵中でこの大会戦には参加していなかったが、三人はまさに、命運尽きんとする大友氏を懸命に支え、その後、北上してくる強兵・島津勢を向こうに回し、七年間も奮戦することとなる。宗茂の技量はこの逆境の中で、いやがうえにも連日、実戦の中で磨かれることとなった。

ところが、天正十三年九月十一日、頼りの道雪が陣中で病死したことにより、弱気になった主君・宗麟は、翌年に大坂へ馳《は》せ上り、大坂城で豊臣秀吉に拝謁《はいえつ》、臣下の礼をとって、自領豊後国の安泰をはかろうとした。

このおり秀吉は、かねて武勇の誉《ほま》れ高い高橋紹運と立花宗茂を、直参《じきさん》の大名に取り立てたい、と言い出した。宗麟はこれを受けている。

島津勢十万余の軍勢が北侵を開始し、それを紹運―宗茂父子が阻む。紹運は自らの籠もる岩屋《いわや》城（現・福岡県太宰府市）に、島津の大軍を迎え撃ち、壮烈な戦死を遂げる（享年三十九と伝わる）。わが子・宗茂の生存を、少しでも長引かせるための工夫であった。

天下無双

その後、秀吉の直参となった宗茂は、九州征討では卓越した武勲をあげ、筑後国柳河《やながわ》（現・福岡県柳川市）に十三万余石を与えられる大名となった。

新しい領国の経営にあたりながら、彼は一方で、佐々《さっさ》成政《なりまさ》の不手際から起こった肥後の一揆鎮圧のために参陣している。一日に十三回の戦闘をおこない、敵の城砦《じょうさい》を抜くこと七カ所という武勲を立てたのは、このときのことである。

天正十六年（一五八八）七月、宗茂は従五《じゅご》位下《いのげ》に叙せられ、「侍従《じじゅう》」に任ぜられた。

ますます高まる宗茂の武名を、さらに史上へ喧伝《けんでん》することになったのは、天正二十年からの朝鮮出兵――まずは前半の文禄《ぶんろく》の役《えき》であった。

宗茂は軍役より多い三千の兵を率いて、第六軍の一翼を担《にな》って出国した。破竹の勢いで朝鮮半島を進軍、漢城《かんじょう》（現・ソウル）を占領し、優《すぐ》れた手腕を遺憾《いかん》なく発揮したが、中でも翌年の碧蹄館《へきていかん》の戦いでは、明《みん》の名将・李如松《りじょしょう》が李氏朝鮮軍とあわせて、十万と号する大軍（実数四万八千）を率いて来襲した。小西家や大友家の陣城が崩されたおり、宗茂は反撃の先鋒をつとめ、五百人近い犠牲を出しながらも、明の大軍をみごとに打ち破っている。

この快勝を、『天野源右衛門覚書《あまのげんえもんおぼえがき》』は、立花勢が三千をもって明軍三十万を斬り崩したと述べ、名場面のごとくに伝えている。

余談ながら、天野源右衛門はもと明智光秀の家来で、光秀の死後、羽柴秀勝《ひでかつ》・同秀長《ひでなが》、蒲生氏郷《がもううじさと》に仕え、この頃は宗茂の配下にあった。源右衛門は歴戦の将といってよく、〝稀代〟を謳《うた》われた氏郷につづいて、宗茂に仕えたところが興味深い。

その後、後半の慶長の役は、秀吉の死によってうやむやとなり、宗茂も慶長三年（一五九八）十二月に日本へ帰国。ときに、三十二歳であった。

文禄・慶長の役で、立花宗茂の名は不動のものとなっていた。その彼が、生涯でただ一度、痛恨の大きな判断ミスをしたのが、〝天下分け目〟の関ヶ原の合戦であった。

秀吉の死後、台頭した五大老の一・徳川家康に対して、五奉行の一・石田三成がその勢力拡大を懸念し、両者の対立は風雲急《ふううんきゅう》を告げた。いずれ決戦になる、と見た両陣営は、ほぼ同時に、自軍に宗茂を獲得すべく動いた。

家康方の陣営からは、次のように誘われたという。

「勝利の暁《あかつき》には、五十万石を進呈いたす」

いい話であったが、宗茂は自らを引き立ててくれた、今は亡き太閤《たいこう》秀吉への義理立てから、西軍加担を決意する。

宗茂は自らが主力となった大津《おおつ》城（現・滋賀県大津市）攻めをみごと勝利で飾り、城主の京極高次《きょうごくたかつぐ》に開城させることに成功している。

しかし、同じ日におこなわれた関ヶ原の合戦において、宗茂不在の西軍は「まさか」の、完敗を喫してしまった。もし、宗茂が大津城攻めではなく、関ヶ原の主戦場にいたならば、あるいは日本の歴史はここで、大きく方向を変えたかもしれない。

実に悔《く》やまれる結果だが、宗茂本人は屈託がなく、まだ西軍の敗北とは考えていなかった。大坂城があるからだ。

「難攻不落の巨城に入り、ここで作戦を立て直せばよい」

まだまだ巻き返しは可能だ、と宗茂は心底、西軍の最終勝利を信じ、自らをも励ましつつ、大坂まで陣を撤収《てつしゅう》した。

ところが、西軍の総大将・毛利《もうり》輝元《てるもと》に、大坂城での籠城を進言するも、どうしたことか輝元は一向に煮えきらない。それもそのはず、毛利家は家康方に内通していたのだ。

与《くみ》する人物を誤った、と失意を抱いて九州の柳河に帰った宗茂だったが、上方《かみがた》に残した家臣が、「宗茂は殺さず」との家康の言を聞いて帰ったことや、周囲の黒田如水《くろだじょすい》（諱は孝高《よしたか》、通称は官兵衛《かんべえ》）や加藤《かとう》清正《きよまさ》ら東軍方の諸将の説得もあり、攻めて来た寝返り組の鍋島直茂《なべしまなおしげ》を撃退したものの、あえて籠城戦を挑まず、宗茂は城を明け渡して、自らあっさり牢人の境遇となる。

奇跡の返り咲き

それから宗茂はどうしたか。これがまた尋常《じんじょう》ではなかった。

妻の誾千代と別れて柳河を離れたまま、宗茂は降るごとく持ちこまれる仕官の話をことごとく蹴《け》っている。

中には、〝加賀百万石〟の前田家から、十万石の家老で——との話もあったが、

「その方ら腰抜けが何をいうか、前田がしっかりしておれば、そも関ヶ原はなかったであろうに——」

と相手を追い返してしまったこともあった。

そのうえで宗茂は、京・江戸での牢人生活をつづけた。自らの行く末を、彼はどのように考えていたのだろうか。

この間の挿話として、主人・宗茂と浪々の生活に付き従った家臣らとの話が伝えられている。宗茂

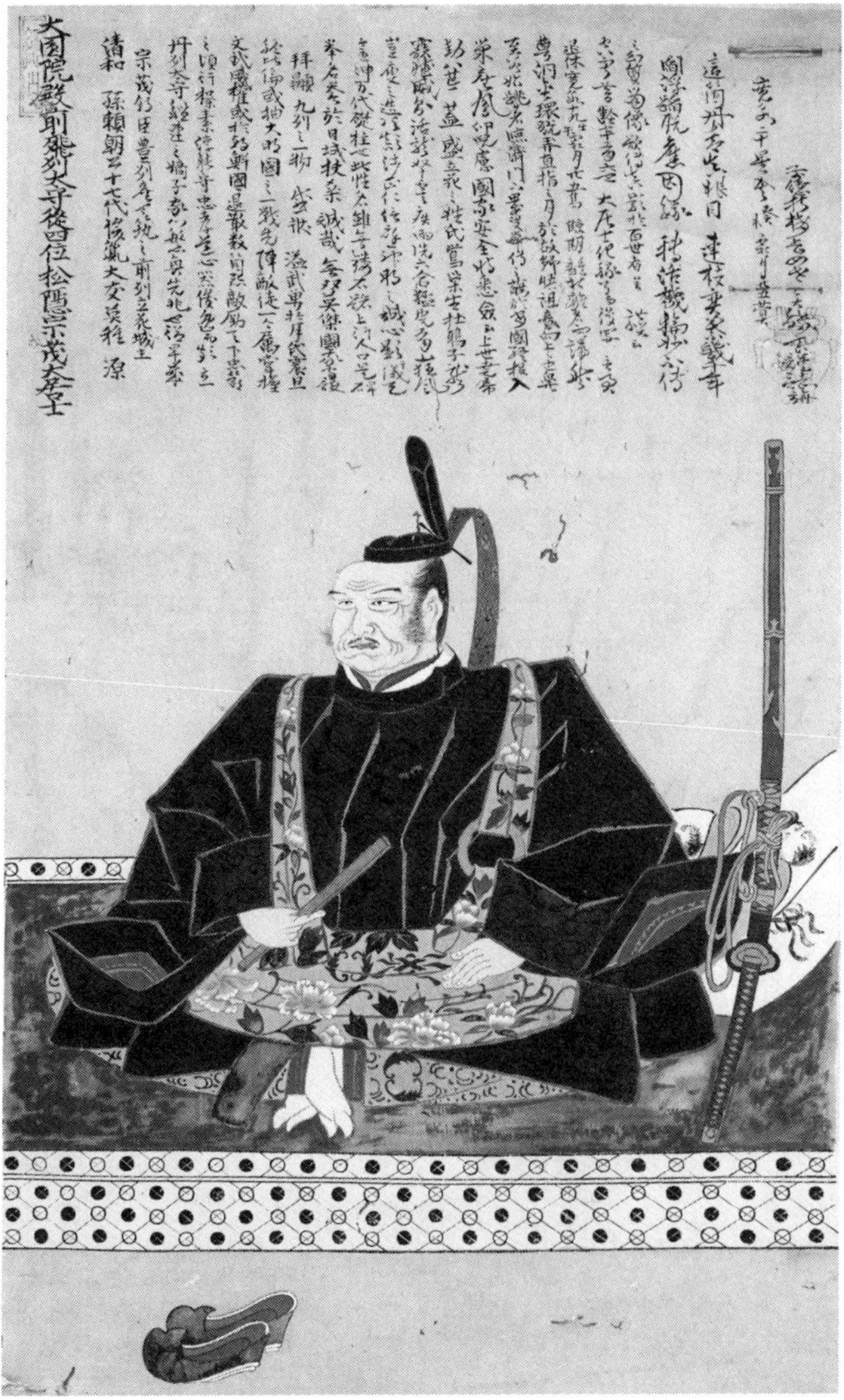

立花宗茂肖像（東大史料編纂所所蔵・模写）
比類なき猛将の父2人——戸次道雪・高橋紹雲に育てられた戦国最強クラスの武将。
関ヶ原の戦い後に改易されてから、旧領を回復した武将は宗茂のみ。

は自ら働かず、家臣たちが代わりに日雇いで仕事をしては日銭をかせぎ、牢人の主人を養っていた。

ある時、米が足りなくなり、家臣が困り果てて、雑炊《ぞうすい》をつくったことがあった。すると、宗茂は、

「いらざることをする。汁がかけたければ己れでするわ、こんな物が食えるか」

と、茶碗をひっくり返したというのだ。

主人に叱られた家臣は、そこで怒ったかというと、そうではなかった。

時代はいまだ、乱世である。城主に返り咲く大志を失っていない主人に、それでこそわが殿である、と皆して嬉し泣きをしたという。

宗茂は家康の徳川家だけを見つめていた。自分は間違ったことをしていない、かならず徳川家が、自らを迎えにくるはずだ、との予測があった。

まだ豊臣家は健在であり、もし、宗茂が大坂城に入って対徳川軍の本拠とし、天下六十余州へ改めての宣戦を布告したならば、徳川幕府はどうしたであろうか。

宗茂が思った通り、家康はこの生涯無敗の男を恐れた。無視できなかった。否《いな》、現実の流れにおいて、もしも大坂城に入城されてしまえば、万事が休《きゅう》する。

何しろ相手は、生涯不敗の武将である。史実はその後、どうなったか。

家康の後継者で、二代将軍となっていた徳川秀忠《とくがわひでただ》に請《こ》われた宗茂は、慶長十一年（一六〇六）に、わずか五千石の幕府御書院番頭《ごしょいんばんがしら》（大番頭《おおばんがしら》だったとも）に取り立てられている。宗茂は何一つ文句を言わな

い。すると、すぐに奥州《おうしゅう》南郷《なんごう》（棚倉《たなぐら》。現・福島県東白川郡棚倉町）一万石の大名へ。

大坂冬の陣・夏の陣では宗茂は徳川方として参陣した。外様《とざま》でありながら譜代同様の扱いを受け、戦後の元和《げんな》六年（一六二〇）、およそ十万九千余石の柳河の領主に再封《さいふう》内定。翌年、筑後入りを果たした。

三十四歳で柳河を去ってより、実に二十年目の快挙、帰国であった。

妻の誾千代はすでに慶長七年十月十七日に、この世を去っていた（享年三十四）。

その後、宗茂は寛永《かんえい》十九年（一六四二）十一月二十五日まで生き、七十六歳で江戸に没した。今日でいえば、胃がんであったと考えられている。

それでも、戦野に明け暮れた武人にしては、どこまでも平穏な最期であった。

奇跡のような常勝、関ヶ原の戦いに敗れながら返り咲いた稀有《けう》な大名——立花宗茂の真骨頂は、自らをまっすぐに見つめたことといえようか。

〈六〉柳生宗厳⬇宗矩　先代＝父を超えるには何が必要か

身のほどを知る子

いかなる業界、業種の世界であっても、〝後継者〟と呼ばれる立場にあった人は、自らがトップと正式に決定した瞬間、己に課せられた責任の重さに、身の懐《ふる》える思いがするという。

すべての責任が、一身にかかるのだから無理もない。

わけても、〝後継者〟がわが身のほどを知っており、己れの力量を謙虚に測ることができれば、なおさらのこと。

加えて、先代がきらびやかな功績をあげた成功者、カリスマ性の高い人物であればあるほど、〝後継者〟は自分に向けられるであろう評価――多分に先代との比較による――を思うと、思わず譲られた座から逃げ出したいような、自分も一から何事かを成したい、といった衝動に駆られるもののようだ。

この事業承継の心情に、おそらく今も昔も差異はないに違いない。

文禄三年（一五九四）というから、世は天下人・豊臣秀吉の治世である。

前年、朝鮮出兵の和議がもたらされたものの、四年後には再び出兵となった。

世情は秀吉の海外派兵に批判的であり、大老筆頭の徳川家康は、そうした大名や民衆の声を聞きながらも、ただ沈黙を守りつづけていた。

この年の五月三日のことである。

柳生又右衛門宗矩《やぎゅうまたえもんむねのり》は、父・宗厳《むねよし》（号して石舟斎《せきしゅうさい》）に伴われて、家康の前で新陰流《しんかげりゅう》兵法《へいほう》の剣術の型を披露している。

宗矩の心底には、さぞかし重苦しいものが詰まっていたであろう。

父の宗厳は兵法界の名人として、つとに著名であった。

〝剣聖〟と謳《うた》われた上泉《かみいずみ》伊勢守《いせのかみ》秀綱《ひでつな》（のち信綱《のぶつな》）に師事し、その高弟の中から、新陰流の道統を継ぐ印可を与えられていた。

それ以来、宗厳の剣名は無敵の腕前とともに、あまねく世に知られていた。

後世に語られる剣術名、柳生新陰流の開祖、といったほうが、一般には通りがいいかもしれない。

――まぎれもない、達人であった。

中でも、師・秀綱から与えられた難問、「人を斬らずして、人を制する工夫せよ」といわれた課題に取り組み、日夜苦悩し、いろいろな鍛錬《たんれん》をして、ついには「無刀取《むとうど》り」（正しくは無刀の位《くらい》）を編《あ》み出すにいたった。

●柳生家系図

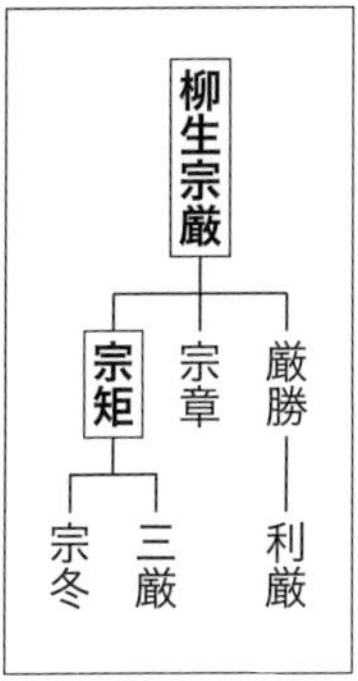

師の秀綱亡きあと、〝天下一〟と称された名声は、決して偽《いつわ》りのものではなかった。

無刀にて　きはまるならば　兵法者
　こしの刀は　無用なりけり

わざわざその宗厳を招き、熱心にその剣技を見入った家康は、織田家、今川家への十二年間に及ぶ人質生活もあり、自らの生命《いのち》を自らで守る必要性に迫られ、これまでも幾つかの剣流を学んでいた。

それだけに、宗厳の腕前がどれほどのものであるか、理解することができた。

「神技《かみわざ》じゃな――」

大いに感嘆しつつも、そこは家康である。

自身、手ずから木刀を取って、宗厳に立ち向かったとも伝えられている。

己れの見立てを、実証したかったのかもしれない。あるいは……。

家康は若い頃から、剣術のみならず、物学びの好きな武将で、弓術や馬術なども、剣と同様、幾つもの流派を嗜《たしな》んでいた。腕に覚えはあった。けっこう、宗厳とやり合えると思ったのかもしれない。

が、むろん、宗厳にはかなわない。手加減してもらっても、完敗であった。

あざやかな手並《てな》みに感服した家康は、よほど感動したのであろう。その場で宗厳に起請《きしょうもん》文を差し出し、自ら門人の礼をとった。

ところが、宗厳は己れの高齢を理由に、家康の師となるのを断わり、わが子・宗矩を代わりに、推挙したのである。

ときに、宗厳六十八歳。宗矩は二十四歳であった（家康は五十三歳）。

この宗厳の応対に、家康は許さぬ、とはいわず、あっさりと納得して、宗矩に二百石を与え、自らの兵法師範に据《す》えた。

家康には、宗厳と己れのレベルの差が認識できたのであろう。まずは宗厳のレベルに近づくことだ、と判断した。

しかし、宗矩にすれば、驚天動地の心情、

「はたして自分に、父上の代わりがつとまるだろうか……」

急変したわが身に、冷汗や身震いを覚えたことであろう。

何しろ宗矩は、本来、父の跡を継ぐ立場にはなかった。

先代を超える

宗厳には五人の男子があり、長男は新次郎厳勝《としかつ》である。

父譲りの剣才に恵まれ、将来を嘱望《しょくぼう》されていたが、戦場で傷を負ったために、柳生の宗家を継ぐことができなくなった。のちに剣豪として天下に知られる、厳勝の子・柳生兵庫助利厳《ひょうごのすけとしとし》＝柳生新陰流の正統後継者は、まだその片鱗《へんりん》を見せていない。

次男、三男は出家している。

四男の五郎右衛門宗章《むねあき》は、厳勝に勝るとも劣らぬ腕前だが、すでに小早川秀秋《こばやかわひであき》に仕えており、最も年少の宗矩だけが父のもとに残っていた。

父の名声と実力、長兄とすぐ上の兄の腕前を熟知しているだけに、己れの身のほどを知る宗矩は、十代の頃から父とは別の道を歩みたい、と懸命に他家へ随身《ずいしん》したりもしたのだが、今一つうまくいかなかった。

「父の跡など継ぎたくもない」

そうした口吻《こうふん》は、二十代に入っても宗矩からは消えなかった。

これには、柳生家の事情が絡《から》んでいた。

柳生家は古くから、大和《やまと》柳生（現・奈良県奈良市）の土豪として根を張り、些少《さしょう》の勢力を有していたものの、畿内という群雄の割拠しやすい立地が災《わざわ》いし、ときに細川、三好《みよし》、松永、筒井、織田、豊臣といった、時世の勢力が興亡を繰り返すと、いつしか伝来の所領は削《けず》られ、隠田《かくしだ》の発覚などもあって、宗厳の代には、家産のほとんどを失っていた。

それだけに宗厳の生涯は、見方を変えれば没落した柳生家の再興をかけて、奮起努力した一生であったともいえそうだ。

宗矩は父の苦闘を身近に見てきただけに、自ら火中の栗《くり》を拾うがごとき愚は、演じたくはなかったのである。

一族を率いて苦労するよりは、仕官したほうが楽に決まっていた。

だが、己れ以外に〝後継者〟がいない、となれば致し方なかった。

宗矩はこの事態を自らの宿命と受け止め、狂躁《きょうそう》することなく、また、父と競うこともせず、三歳のときから二十年間、父からみっちり叩《たた》きこまれた新陰流を反芻《はんすう》しつつ、主君となった家康を盛り立て、あわせて、柳生家の発展を担う途《みち》をさぐる。

「焦ってはならぬ――」

宗矩は自身にそう言い聞かせながら、日々、兵法三昧《ざんまい》に暮らした。

行くべき道は、見えていた。父が指し示した道を、誤りのないように歩んでいけばいいのだ。

ただし、それだけであったならば、後年、宗厳以上に世に知られる柳生但馬守《たじまのかみ》宗矩はなかったであろう。

柳生家の当主として宗矩は、父とは異なる付加価値を、懸命に模索した。

時代の差異、といえるかもしれない。時代は秀吉の死とともに、乱世の振り出しへ戻りかねない危うさを秘めていた。

「一人の悪を懲《こ》らして万人を活《い》かす。是等《これら》誠《まこと》に人を懲らす刀は、人を活かす剣《つるぎ》なるべきや」（『兵法家《か》伝書《でんしょ》』）

「一人勝ちて天下かち、一人負けて天下まく、是大なる兵法也《なり》」（同右）

宗矩はそうした理《ことわり》を見据えていた。

すなわち、剣術の持つ一対一の技術を、宗矩は父から学んだ「無刀取り」の思想を根底に、大軍を動かす軍略・兵法のレベルにまで高め、ついには平天下《へいてんか》の道理にまで拡大して解釈する研鑽《けんさん》を積んだのであった。

当然のことながら、理屈だけでは乱世は乗り切れない。

「表裏は兵法の根本也《こんぽんなり》。表裏とは略《はかりごと》也」

慶長五年（一六〇〇）九月、関ヶ原の合戦において宗矩は、地の利を活《い》かし、事前の諜報活動や敵の後方攪乱《かくらん》など、合戦の裏舞台を自ら担当して、柳生一族の存在を主君家康に認めさせた。

戦後、本領二千石を与えられ、翌年にはさらに千石を加増のうえ、慶長八年二月には、家康が征夷大将軍となり、江戸に幕府を開くや、宗矩は改めて「将軍家指南役《しなんやく》」となった。

後継者の鏡

宗矩は自らの体験を踏まえ、次のように述べている。

一、病気の事
かたんと一筋におもふも病《やまい》也。兵法つかはむと一筋におもふも病也。習《ならい》のたけを出《いだ》さん（最高の実力を発揮しよう）と一筋におもふも病、かゝらんと一筋におもふも病也。また人とばかりおもふも病也。病をきちんと一筋におもひかたまりたるも病也。此様々《このさまざま》の病、皆《みな》心にあるなれば、此等《これら》の病をさって心を調《ととの》ふる事也。

意味深長な言葉といってよい。また、

一、心をかへす事
右の心持《こころもち》は、一太刀うって、うったよとおもへば、うったよとおもふ心がそのままそこにとゞまる也。うった所を心がかへらぬによりて、うつかと成《な》りて（一瞬、心が空白状態となって）二の太刀を敵にうたれて、先を入れたる事も無《む》に成り、二の太刀をうたれて負也。心をかえすと云《い》ふは、一太刀うったらば、うった所に心をかず、うってから心をひっかえして敵の色（敵の気色、顔色）を見よ、うたれて、敵気をちがゆる（気持ちをガラリと入れかえ、奮発する）物也。うたれて、やれ口惜《くちお》しや、うたれたよとおもひて、いかりも出る物也。いかれば敵きびしく成る物也、ここを油断して、敵にうたる〻物也。うたれた敵は、いかり猪《い》（手負いを受けて暴れ回る猪《いのしし》）とおもふべし。〈中略〉心をかへすとは、わがうった所に心をとどめず、心を我身へひつれと云ふ儀也。

このように、処世の極意《ごくい》ともとれる言辞《ことば》を残している。

だが、これらは宗矩自身が、

「漸《ようや》く知命《ちめい》の年（五十歳）を過ぎ、此《こ》の道の滋味《じみ》を得たり」

と告白しているように、多くの成功や失敗、反省、日々の努力を積み重ねてのちに、ようやくたどりついた境地でもあった。

大坂の陣のおり、大坂方の大将の一人・木村重成《きむらしげなり》の一族で、主計《かずえ》という者が素肌武者《すはだむしゃ》数十人を率いて、家康の後継者で二代将軍となっていた秀忠に迫ったとき、宗矩は瞬く間に七人を斬り捨てた逸話を残している。

実戦のともなわない理論は、真に人を動かし得ない。宗矩はそのことを、身をもって示していた。

そのかいあって彼は、秀忠につづき、三代将軍の家光《いえみつ》にも信任されている。

寛永六年（一六二九）三月、宗矩は従五位下・但馬守に叙任《じょにん》され、同九年十月には三千石を加増され、十二月には、ついに大名たちを監視する惣目付《そうめつけ》（大目付）の地位にのぼった。

――その栄達は、なおもつづいている。

最終的には、一万二千五百石を領する大名にまでなったのであるから、宗矩は父・宗厳を超えた、といっても許されよう。

宗矩が亡くなったのは、正保《しょうほう》三年（一六四六）三月二十六日のことである。危篤《きとく》に陥《おちい》ったことを知った将軍家光は、自身、わざわざ柳生邸まで見舞いに出向いている。わずか一万余石の小大名に対して、将軍家がこのような行為に及ぶのは、きわめて異例のことであった。

宗矩は七十六年の生涯を、満足しつつ閉じた。

所領は子の十兵衛三厳《みつよし》、主膳宗冬《しゅぜんむねふゆ》に分与し、残りは柳生の芳徳寺《ほうとくじ》に寄進された。

将軍お気に入りの宗矩は、己れの死後、柳生の分限が大きくなって、いらぬ争いの生じるのを嫌っていたという。

実に行き届いた配慮、立派な後継者ぶりではなかったか。

人間は自らを、ここまで鍛えられる――柳生宗矩はそのことを、雄弁に後世の我々に語りかけてくれた。

第三章　先代を超えられなかった後継者

〈一〉上杉謙信⬇景勝　義父の名声に抱きつづけた強烈なコンプレックス

四十九年一睡夢

天正《てんしょう》六年（一五七八）三月十三日、越後の名将・上杉謙信《うえすぎけんしん》は、その二日後に関東進攻の出陣を予定していながら、未刻《ひつじのこく》（午後二時前後）、ふいに脳出血で逝去《せいきょ》してしまう。享年《きょうねん》は四十九であった。大酒癖が、死期を早めたともいう。

四十九年一睡夢《いっすいのゆめ》　一期栄華《いちごのえいが》一盃酒《いっぱいのさけ》

かねて用意されていた辞世の偈《げ》（句）を残して、一代の天才戦術家はこの世を去った。謙信は辞世の句は用意していたが、それ以上に重要な、後継者という、最も彼がなさねばならない決定をしていなかった。

これは現代企業のオーナー経営者、実力あるトップにも結構ある事例だが、己れに自信のある人は、往々《おうおう》にして〝生涯現役〟を心情にしがちで、〝あとのこと〟に思いをめぐらすのを忘れる、あるいは先延ばしにするきらい（傾向）があった。

そのため、〝御家騒動〟が勃発《ぼっぱつ》する。謙信の場合は、彼が死ぬや、跡目をめぐって、二人の養子が争う内乱が発生した。後世に、〝御館《おたて》の乱〟と呼ばれることになる。

後継者の一人は、謙信の姉の子・景勝《かげかつ》。もう一人が北条氏康《ほうじょううじやす》の七男で、謙信の養子となっていた景虎《かげとら》であった。

謙信は景勝に越後上杉氏の家督を、一方の景虎に「関東管領職《かんとうかんれいしき》」を譲る心づもり（胸算用）をしていたようだが、その事業はいまだ道半ばであった。

二人の後継者はともに、謙信の遺産すべてを手中にしようとした。

――が、この内乱、一つ間違えば上杉家の消滅につながっていた。

この頃、上杉家は越後を本拠に関東・北陸・信濃（現・長野県）にまたがる大版図を領有していたものの、その地盤はいまだ確固不動のものではなかった。

周辺には相模《さがみ》（現・神奈川県の大半）の北条氏、甲斐《かい》（現・山梨県）の武田氏、さらには天下の覇者となりつつあった織田信長が、進攻の機会を虎視眈々《こしたんたん》と狙《ねら》っていた。

これまで上杉家が、広大な領土を維持できたのは、ひとえに天才戦術家・上杉謙信あればこそであった。その名将が急死し、上杉家の内

●上杉家系図

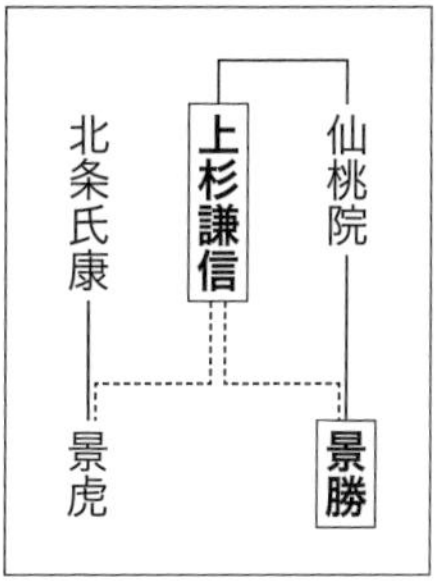

部が分裂する事態は、近隣諸国に侵入を許す隙《すき》を与えかねない。

ここはひとまず、双方で妥協《だきょう》し、挙国一致をはかってはどうか、との中立的な意見も出たが、一方の景勝の補佐役・直江《なおえ》（当時は樋口《ひぐち》）兼続《かねつぐ》は、あえての妥協策を退《しりぞ》け、一つ間違えば内乱の長期化、他国の侵略＝亡国ともなりかねない、景虎討伐を決意する。

当初は、実家を関東の北条氏に持つ景虎側に分《ぶ》があった。が、兼続は敵方の武田家を買収し、利用する外交戦術を展開する。

この内部抗争は一年余に及び、領国の一部を外敵から侵食されたものの、天正七年三月二十四日、景虎は自刃にいたる（享年二十七）。

兼続は主君景勝を支え、この内戦を勝利に導いた。

景勝対景虎の戦いを通して、上杉家は一枚岩の結束を固め、結果的には景勝の政権は安定する。ときに主君景勝は二十五歳、兼続はわずか二十歳であった。

これほど兼続の力量をあざやかに、天下に示した内戦もなかったろう。

主人の景勝はいかなるときにも、補佐役の兼続を疑うことなく、両者の信頼関係は盤石《ばんじゃく》となっていく。

天正十年、景勝は兼続に、越後の名門・上杉家の宿将の中でも、地位、由緒ともに抜群の「直江」姓を継がせ、兼続を名実ともに上杉家の宰相の地位に押しあげた。

そして間もなく兼続は、景勝からきわめて広範な権限をも委譲され、上杉家の最高軍事指揮権を掌握する。

この年の六月、織田信長が本能寺で横死すると、織田家ではほどなく、山崎の合戦を経《へ》て、宿老・柴田《しばた》勝家《かついえ》と実力者・羽柴《はしば》（のち豊臣）秀吉の両将が突出し、かつての上杉の内乱をはるかにしのぐ大規模な権力争奪戦が開始された。

当然のことながら、柴田・羽柴両陣営から、春日山城《かすがやま》（現・新潟県上越市）に誘い＝同盟を求める使者が、頻繁《ひんぱん》に舞いこんできた。

秀吉に臣従する

このときも景勝は、なんら自ら決断せず、すべてを兼続にまかせている。

名を惜しむ上杉家は、兵馬を総動員して臨戦態勢をとると、当初、どことの同盟も拒絶して、局外中立を貫徹しようとした。

しかし、勝家にせよ秀吉にしても、いずれかが勝利した暁《あかつき》には、全盛期の織田家が再構築され、目下の上杉家の実力をもってしては、とうてい、これに太刀《たち》打ちはできない、となれば……。

熟慮の末、兼続は天下の形勢を冷静に判断し、秀吉との同盟（名目はともあれ、実質的には従属関係）という、以前の上杉家では考えられなかった方針転換を打ち出した。

〝言うはやすく、おこなうは難《かた》し〟――。

何しろこれまでの長い歳月、いかなる勢力にも臣従せず、自力での天下統一を目指してきた謙信以来の上杉家の伝統を否定し、方向を百八十度転換するものだけに、家中の反発、抵抗は凄《すさ》まじく、兼続の心中は察するにあまりあるものがあった。

だが、歴史を通して見る限りは、このときの兼続の選択と、それを支持した主君景勝の決断は正しかったといえそうだ。

天正十一年（一五八三）四月、近江賤ヶ岳《おうみしずがたけ》（現・滋賀県長浜市）に対峙《たいじ》した柴田・羽柴の両軍は、周知のごとく秀吉の圧勝で幕を閉じた。

秀吉は景勝に、同盟者としての礼をもって接したが、勝家を降《くだ》したのにつづいて、織田家の宿将・滝川一益《たきがわかずます》、佐々成政《さっさなりまさ》らを降すにしたがい、上杉家は徐々に、秀吉傘下《さんか》の大名としての色合いを濃くしていく。

同十四年五月、景勝は秀吉の求めに応じて、兼続とともに四千の兵を率いて上洛した。まさしく、臣下の礼をとったのである。

この時期、秀吉はすでに中国・四国を手中にし、〝関白《かんぱく》〟に任ぜられて天下人となり、上杉氏とはその実力において、今や隔絶していた。

文禄《ぶんろく》元年（一五九二）に朝鮮半島へ出陣した景勝を、慶長《けいちょう》三年（一五九八）、秀吉は越後から陸奥《むつ》会津《あいづ》（現・福島県会津地方）百二十万石へ栄転移封させたが、このおり、兼続に出羽米沢《でわよねざわ》（現・山形県米沢市）三十万石をあてがうように、ととくに命じている。

これは上杉家中に楔《くさび》を打ちこむための、秀吉の深謀遠慮であった。豊臣政権の政略は、大名の相互監視が根底にあり、景勝の会津移封も、伊達政宗《だてまさむね》と徳川家康の監視と連帯阻止の意味合いを持っていた。

秀吉は景勝にも心を許さず、兼続をもって景勝を牽制《けんせい》する策を講じたつもりでいたのであろう。

何しろ、景勝という人物は外見からは判断しにくく、およそ喜怒哀楽を表に現したことがなかった。沈黙が長く、日によっては一言も言葉を発せずに終わることも、決して珍しくはなかったという。

名将謙信の後継者として、彼は彼なりに苦しんでいたのに違いない。凡庸《ぼんよう》な己れを晒《さら》すことなく、すべての本性《ほんしょう》を、沈黙の中に覆い隠そうとしたのかもしれない。

それだけに、兼続がもし野心を抱けば、彼は主人を超えることも、秀吉の直臣《じきしん》ともなり得たであろう。大名として景勝と競い合う立場に立つことも、能力的には十二分に可能であったはずだ。

しかし、兼続はそうした私利私欲を持たず、どこまでも景勝の臣、上杉家の宰相としての地位に甘んじつづけた。

そのことを景勝が、内心どう思っていたか。無論、感謝はしていたであろうが、ふがいない己れと常に比較し、他人《ひと》にはいえない劣等感、兼続への愛憎も、心の奥底では抱いていたかもしれない。

景勝が会津に国替えとなった年の八月、天下人秀吉は、幼い後継者・秀頼《ひでより》を残して没した。享年六十二。

その天下を狙ったのが、豊臣政権ナンバー2の家康である。彼は背後に憂《うれ》いなきよう、「五大老」の一《いっ》・景勝に謀叛《むほん》の兆《きざ》しあり、との難癖をつけ、征伐軍を向ける。

家康は景勝に一応、事前に上洛を命じたが、景勝はこれを拒否。同時に、兼続が家康にあてた宣戦布告の書状として名高い、「直江状」もこのおりに発せられた、と伝えられている。

もっとも、この「直江状」なるものは、後世の偽作であろう、と筆者は考えてきたが、それでも最後の一文の、

「内府《だいふ》(家康)様又《また》は中納言《ちゅうなごん》(秀忠《ひでただ》)様御下向《げこう》の由《よし》に候由、万端《ばんたん》御下向次第に仕《つかまつ》るべく候」

などといったくだりは、景勝・兼続主従の、当時の心情を吐露させれば、まさしくこの通りであったかと思われる。

いずれ家康や嗣子《しし》の秀忠が、会津に攻め寄せるというなら、万事はそのおりに決着をつけようではないか、というのである。

では、このとき、兼続は家康の軍勢を迎撃すべく、どのような戦略・戦術を策定していたのであろうか。『名将言行録』(戦国武将の逸話集)他によれば、秀忠軍を信州上田城で待ち伏せた真田《さなだ》昌幸《まさゆき》と同様、家康軍を予定した主戦場・革籠《かわご》原《はら》(現・福島県白河《しらかわ》市)に誘いこみ、三方に伏せた主力で痛撃を与

え、一戦で徳川勢を追い落とす作戦であったようだ。

敵軍を自領に迎える間際《まぎわ》、一気に勝負を決める速戦でたたくのは謙信以来の上杉戦法でもある。戦国の猛兵・越後勢＝上杉軍は、いまだ無傷のままであったから、これは決して机上の空論ではなかったはずだ。

家康を一蹴《いっしゅう》する一方、上方勢《かみがた》（石田三成《いしだみつなり》）が挙兵すれば、家康の劣勢は満天下に明白となる。実際の関ヶ原がそうであったように、兵力数ではまさった西軍は、勝機をつかめた可能性は高い。

痛恨の関ヶ原の戦い

しかしながら、三成の挙兵はあまりにも早すぎた。そのために、白河経由で進攻するはずの家康は、下野《しもつけ》小山《おやま》（現・栃木県小山市）で軍議を開き、そのまま軍を西へ、自らは江戸に帰還してしまう。

いわば、上杉軍は肩すかしを食わされたようなもの。それでも兼続は動じなかった。臨戦態勢をとっている無敵の越後勢をもって、白河口を打って出、家康軍を追尾して、無理にも一戦を挑みかかり、時間をかせぎさえすれば、西の三成との挟撃態勢は完璧であったろう。

完全武装で準備・待機する上杉軍には、長途の家康軍が逃げるのを討ち負かすのは、存外、造作《ぞうさ》はなかったかもしれない。

ところが、上杉軍はこの好機に動かず、局面を静観してしまった。

「人の危うきに乗ずるは、上杉兵法に非《あら》ず」

これまで一度として、〝補佐役〟の兼続と見解を異にしなかった主君の景勝が、珍しく首を横に振ったからであった。

〝勝てるがゆえに戦わず〟の謙信の美学が、景勝をしていわしめたのであろうか。それとも、常日頃の己れのふがいなさが、このような形で爆発したものか。

兼続は懸命に、主君景勝に食いさがった。

もし今、家康を討たねば、次回は上杉家が討たれます、と。だが、ついに景勝は自説を曲げなかった。兼続の内心はいかばかりであったろうか。彼はしかたなく、次善の策として上杉家の永世中立を画策する。

領土を少しでも広げて、家康が天下人となって、再び進攻してくる日に備えようとしたのだが、それも〝天下分け目〟の戦いが、僅々《きんきん》一日で決着する、前代未聞の結末となり、この構想はあえなく潰《つい》え去った。

国境を閉ざして、家康方の東軍諸侯と戦いながら、兼続は秘《ひそ》かに外交交渉を進め、名誉ある降参、和平の可能性を模索する。

主家の社稷《しゃしょく》を全《まっと》うすべく、苦渋《くじゅう》に満ちた手段を講じた。家康の宿老・本多《ほんだ》正信《まさのぶ》に誼《よしみ》を通じ、その次男政重《まさしげ》を直江家の養子にして、景勝の娘を娶《めあわ》せ、生まれた子を上杉家の相続人とする、との含みまでもたせ（『本多家譜』）、今、まさに滅びようとする上杉家の存続を懸命に図った。

その結果、上杉家は本来、兼続のものであった米沢三十万石に減封され、領地は大幅に削《けず》られたものの、徳川幕藩体制の雄藩として生き延び得たのであった。

直江兼続は元和《げんな》五年（一六一九）十二月十九日、江戸で死去している。享年六十。

自らが決断した、家康追撃不可の命令を、上杉景勝はその後、どのように反省をしたものか、こればかりは皆目、わからない。

もともと兼続の領地であった米沢を宛《あて》がわれ、その整備に汲々《きゅうきゅう》として、この二代目は名補佐役の死後、四年してそのあとを追った。元和九年三月二十日、死を前にして景勝は、謙信のことをどのように思い出したであろうか。享年六十九。

〈二〉斎藤道三➡義龍　蝮《まむし》の子は蝮——父を殺《あや》めた子の複雑な感情

虚構と真実

広く知られている戦国武将・斎藤道三《さいとうどうさん》——一代による国盗《くにと》り、すなわち一介《いっかい》の油売りから、美濃《みの》一国（現・岐阜県南部）の主《あるじ》になったという〝物語〟は、「下剋上《げこくじょう》」の乱世を象徴するように、成り上がりの典型として語られてきた。

この通説は、『美濃国諸旧記《みののくにしょきゅうき》』『美濃明細記《みののめいさいき》』といった、江戸時代にまとめられたものが、そのもとになっている。

しかし、「七度《ななたび》、名を変えた」ともいわれる、道三一代の華麗なる「下剋上」は、その実、父子二代にわたっておこなわれたものであったことが明らかとなった。

この、まったく異なる「斎藤道三」父子二代による「下剋上」を明らかにしたのは、戦後になってから刊行された『岐阜県史』（史料編　古代・中世　四）に収録されている文書に拠《よ》ってであった。「六角承禎書《ろっかくじょうていじょうしょ》」という。

これは近江の戦国大名・六角承禎（諱《いみな》は義賢《よしかた》）が永禄《えいろく》三年（一五六〇）七月二十一日に嗣子・義弼《よしすけ》（の

ち義治《よしはる》）と斎藤義龍《よしたつ》（道三の嗣子）の娘との間で進められていた婚約を中止させるため、重臣・平井氏らに書き送ったものであった。

承禎は越前《えちぜん》（現・福井県北部）の守護・朝倉義景《あさくらよしかげ》の娘との縁談を模索していたので、この婚約に激怒した。

彼は斎藤氏の家柄を三代さかのぼって、その悪逆無道ぶりを非難し、そのような家から妻を迎えては、六角氏の「家の面目」は失われてしまうと嘆いていた。

問題なのは、この「条書」の全文十四カ条の中に、「斎藤治《さいとうじ》」（斎藤治部大輔《じぶのだいふ》）という略称の人物が出てきたことであった。これは道三の子・義龍のことを指していた。

次のようなくだりが、あったのである。

一、彼斎藤治（斎藤治部大輔）身上之儀、祖父新左衛門尉《しんざえもんのじょう》者《は》、京都妙覚寺《みょうかくじ》法花《ほっけ》（法華）坊主落《おち》（還俗《げんぞく》）にて、西村与《と》申《もうし》、長井弥二郎所へ罷出《まかりいで》、濃州錯乱之《のうしゅうさくらんの》砌《みぎり》、心はしをも仕《つかえ》候《そうらい》て、次第ニひいて候て、長井同名ニなり、又父左近太夫代ニ成《なり》、惣領を討殺、諸《しょ》職《しき》を奪取、彼者《かのもの》斉藤《ママ》（斎藤）同名ニ成《なり》あかり、剰次郎殿を聟仁《むこに》取《とり》、彼早世候而後《そうらいてのち》、舎弟《しゃてい》八郎殿へ申合《もうしあわせ》、井口《いのくち》（井ノ口＝稲葉《いなば》山《やま》城下）

●斎藤家系図

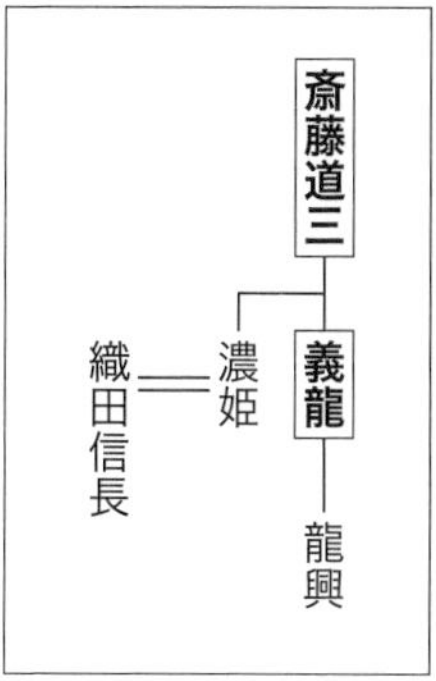

へ引寄《ひきよせ》（申《もうし》）、事《ことの》（外《ほか》）ニ左右をよせ、生害《しょうがい》（殺害）させ申《もうし》、其外《そのほか》兄弟衆、或《あるい》ハ毒害、或ハ隠害《いんがい》（暗殺）にて、悉《ことごとく》（相《あい》）果候《はて》、其因果《そのいんが》歴然之事。

文章は期せずして、情報通の承禎により、義龍の家の躍進が、その二代前からだったことを語っていた。

発端《ほったん》は「応仁《おうにん》の乱」と同様、おろかな守護のあさはかな願望からはじまっていたようだ。

ときの美濃守護は、土岐《とき》成頼《しげより》である。嫡男の頼継《よりつぐ》は室町《むろまち》幕府八代将軍・足利義政《あしかがよしまさ》の偏諱《へんき》を賜《たまわ》って、「政房《まさふさ》」と名を改めており、後継が約束されていた。彼には、何も問題はなかった。

ところが、問題は成頼である。継室《けいしつ》（後室《こうしつ》）の子である末子の九郎元頼《もとより》を慈《いつく》しみ、いつしかこの子を次期守護に据えたい、との野心を抱くようになる。

問題は煩悩《ぼんのう》の人である成頼が、後継者の変更について、秘かに「恃《たの》む」と手を合わせた人物であった。石丸利光《いしまるとしみつ》という。

この人物こそは、美濃の守護代・斎藤氏の一族で名将と称《たた》えられた斎藤妙椿《みょうちん》に従い、戦功第一の勇士といわれた男であった。

文武に秀《ひい》でた妙椿に仕え、忠義を尽くした利光は、主人から軍功を賞されて斎藤姓を名乗ることを許され、官位「丹波守《たんばのかみ》」まで授《さず》けられている。もともとの出身は、数多《あまた》いる国人《こくじん》の一人にすぎなかった。

それがいつしか妙椿によって、「小守護代《しょうしゅごだい》」に引きあげられ、馬上の士《もののふ》となった。利光は斎藤氏の郎党である。が、妙椿の養子で土岐家の実権を握った斎藤利国《としくに》（号して妙純《みょうじゅん》）より、己れの方が実力がある、と利光は自負するようになっていた。

時代は「寄親《よりおや》」（主従に準ずる保護・被保護の関係における保護者）と「寄子《よりこ》」（被保護者）が一丸となって戦う形が尊《たっと》ばれ、実力のある「寄親」のもとに、より多くの「寄子」は集まった。利光は「寄親」として、多くの同じ国人を「寄子」として抱えていたわけだ。

利国と利光――この主従が〝一心〟ならば、なんの問題も起きなかったが、「下剋上」の洗礼を受けた利光は、妙椿より器量の劣る利国を心から敬わず、自らが主家の斎藤家に取って代わろうと野心を抱くにいたった。

父子二代による美濃簒奪

明応《めいおう》三年（一四九四）の冬十二月十日、郡上《ぐじょう》郡下田郷吉田村（現・岐阜県郡上市美並町《みなみちょう》）に建立した大宝寺《だいほうじ》の開創の儀《ぎ》に出席する利国を、利光が途中、要撃しようとしたが、家宰の西尾直教《にしおなおのり》が利国にその危機を告げたことで、利国は出発を見合わせる。

襲撃に失敗した利光は、居城の船田城《ふなだ》（現・岐阜県岐阜市水主町《かこまち》）に自らの「寄子」を集め、今度は正々堂々と利国の加納城《かのう》（現・岐阜市加納丸之内）を攻めようとした。

一度は成頼の仲裁で、和議を持ったものの、双方ともに相手にとどめを刺すつもりで両城に、兵備を整えている。何しろ、二つの城は数町の距離しか離れておらず、翌年三月には開戦となった。

この船田合戦には、利国を救援すべく尾張《おわり》（現・愛知県西部）の上四郡守護代・織田伊勢守寛広《おだいせのかみとおひろ》（岩倉城主《いわくら》）の軍勢も参戦した。のちに、信長に滅ぼされる織田伊勢守家最後の当主・信賢《のぶかた》の数代前にあたる。

六月、七月と幾度かの会戦を経て、利光の敗色が濃くなり、彼は自ら船田の城に火をつけ、決起の名目である成頼の子・元頼《もとより》を連れて墨俣《すのまた》（現・岐阜県大垣市墨俣町墨俣）へ逃れ、次には近江に走り、江南《こうなん》（現・滋賀県南部）にあった近江守護・六角氏を頼ることになる。

戦《いくさ》の終盤、明応五年十二月に、近江六角氏を攻めた利国は、その帰途に一揆に遭《あ》い、子の新四郎利親《しんしろうとしちか》とともに討死《うちじに》を遂げてしまう。

守護代斎藤家には、利親の遺児・勝千代《かっちよ》（のち利良《としなが》）だけが残った。

この子を後見した人物こそが、かつて京都妙覚寺の僧籍にあり、応仁の乱の最中、美濃へ流れて来て、利国のもとで頭角を現した「長井豊後守藤原利隆《ふじわらとしたか》」（『美濃明細記』『江濃記《こうのうき》』『言継卿記《ときつぐきょうき》』）である、というのだ。

最初の姓を「松波《まつなみ》」、ついで西村勘九郎、のちに長井新左衛門尉と改めている。

彼は船田合戦＝「濃州錯乱《さくらん》」の中で、利国について抜群の働きをしたようだ。

その一方では、妙椿が建立した持是院《じぜいん》の後釜《あとがま》に厚顔無礼にも座り、三代・持是院妙全《みょうぜん》と号した。この妙全が利隆である（利隆と長井新左衛門尉の同一人物説と、別人説とがある）。

新左衛門尉は実に巧《たく》みに、美濃の守護代斎藤家の中にまぎれこみ、斎藤氏とさも血縁関係が近いように振る舞い、それを周囲に印象づけた。

たとえば、それ以前の名乗りを藤原基宗《もとむね》としていたのを、藤原利隆と改めている。この改名など、明らかに一族顔《づら》をして守護代を簒奪《さんだつ》するための準備をしていた、としか考えられない。

ときの美濃守護・土岐政房は、父の横車には勝ったものの、およそ乱世の意識をもたないおめでたい人であったようだ。

新左衛門尉こと利隆に絶大な信頼を寄せ、その異例の出世をあと押しまでしてしまった。利隆は「小守護代」となる。

大永《たいえい》（だいえい、とも）七年（一五二七）、培《つちか》った実力で政房の次代＝長子・土岐頼純《よりずみ》（政頼《まさより》、盛頼《もりより》）を追った利隆は、弟の頼芸《よりなり》（よりのり、とも）に家督を継がしめた。

頼純は越前の朝倉氏を頼って亡命。さらには、尾張の織田氏に援助を要請する。

双方の武力にすがり、美濃での守護返り咲きを果たすべく、一時期、美濃大桑《おおが》城（現・岐阜県山県《やまがた》市）に入るも、天文《てんぶん》（てんもん、とも）十六年（一五四七）十一月に病没（道三による暗殺とも）。享年は二十四と伝えられる。

美濃の実権を握った利隆の、成功にふわりと乗り得たのが、その息子の長井新九郎規秀《のりひで》（のち利政《としまさ》）――すなわち、斎藤道三《どうさん》であった。

天文七年、彼はまず守護代斎藤氏を継ぎ、その翌年には稲葉山城（現・岐阜県岐阜市）を居城としている。守護の土岐頼芸が道三に美濃を追われ、尾張の織田信秀《のぶひで》（信長の父）を頼ったのはそれから四年後のことであった。

その後、頼芸は信秀の支援によって美濃へ復帰するも、道三と信秀が和議を結んだことで、天文二十一年頃、道三に再び追放されてしまう。この和議が信秀の嗣子・信長と道三の娘の婚姻《こんいん》となる。

以後、頼芸は織田家や甲斐の武田家を頼り、武田家が信長によって滅ぼされた後は、美濃へ帰国。旧臣で〝西美濃三人衆〟の一・稲葉《いなば》一鉄《いってつ》（諱は良通《よしみち》）の庇護《ひご》下で、〝本能寺の変〟後の天正十年（一五八二）十二月四日に世を去った。享年は八十一とも伝えられている。

つまり、「斎藤道三」の〝国盗り〟＝美濃簒奪《さんだつ》は父子二代にわたっておこなわれたのである。

父に反逆する子

二代にわたった国盗り後、道三―義龍父子の間で争いが起きた。

元服後、新九郎義龍と名乗った道三の息子は、天文二十三年（一五五四）に父から家督を譲られてい

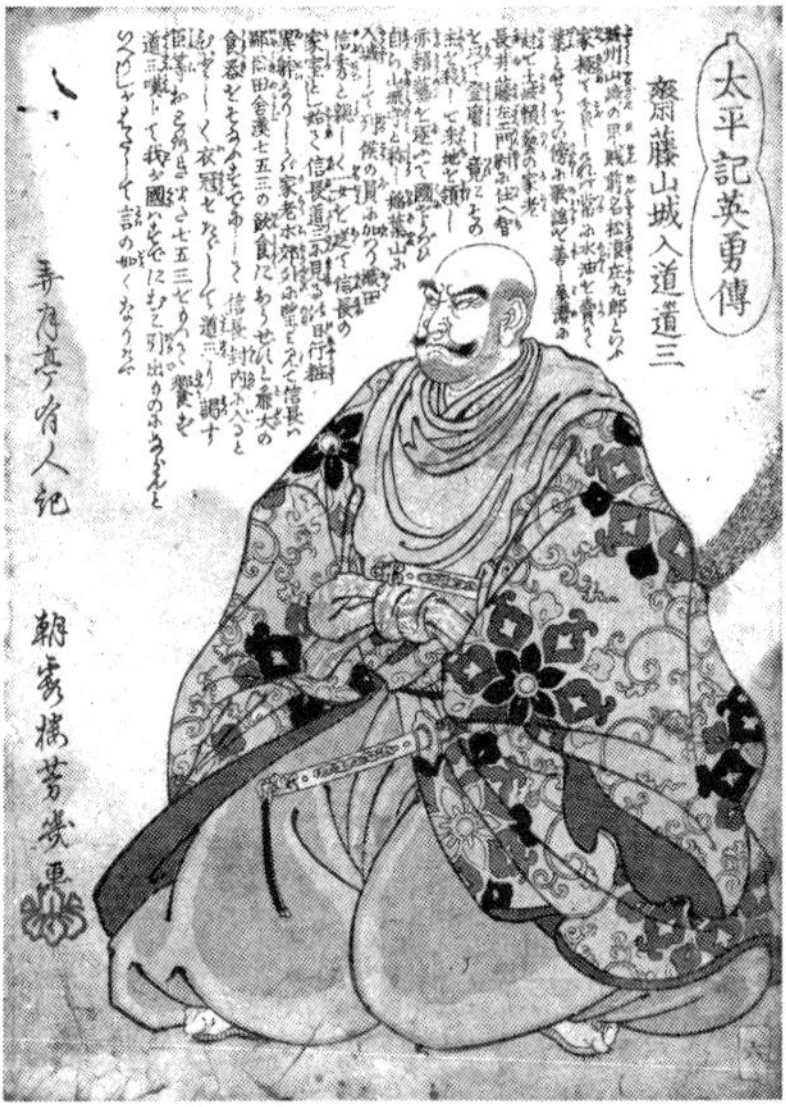

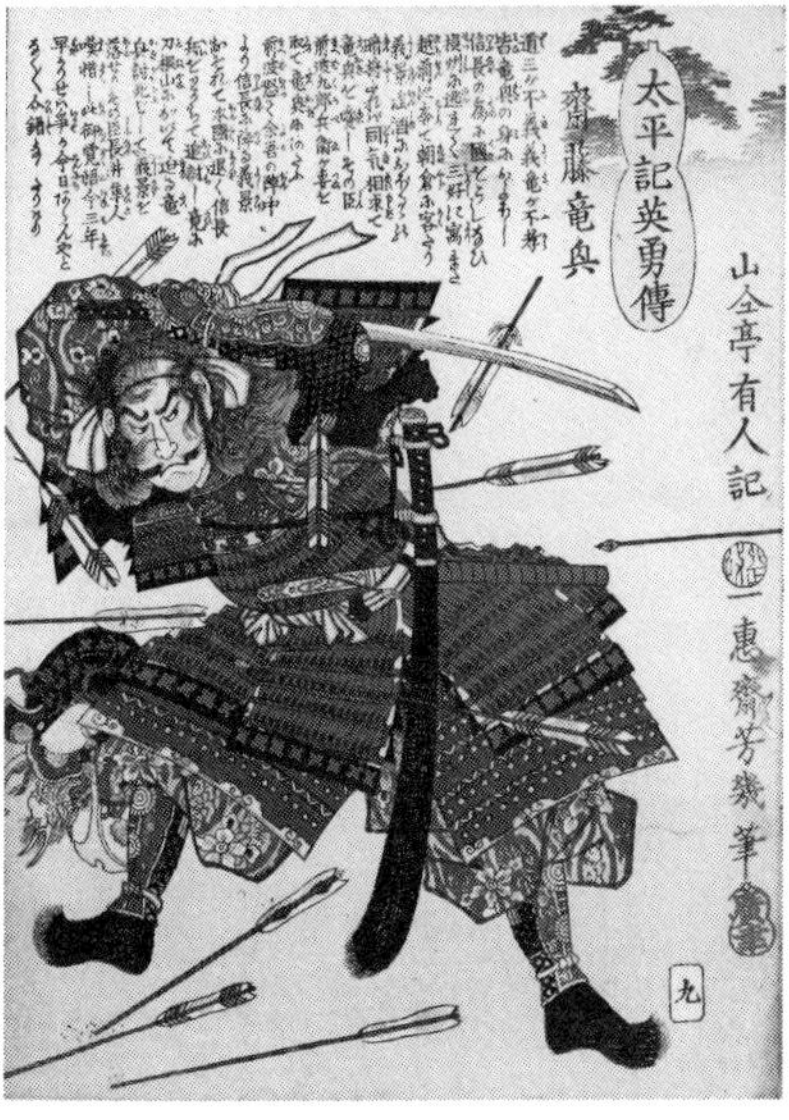

斎藤道三と龍興（『太平記英勇伝』東京都立中央図書館蔵）

天下人の織田信長でさえ、斎藤親子（上・道三）には手を焼いている。美濃をやすやすと奪取できれば、信長のその後は違った形になっていたかもしれない。孫の代（下・龍興）になって、信長はようやく美濃を手に入れている。

た。だが、道三は決して、己れの権力を息子の義龍には渡さなかったようだ。

そのため、義龍は不平・不満を持ち、父と距離を置くようになるのみならず、異母弟の孫四郎《まごしろう》（龍重《たつしげ》）が父・道三にかわいがられ、「左京亮《さきょうのすけ》」へ任官すると（『美濃国諸旧記』）、義龍は父と対決する腹を固める。かつての土岐氏の内訌《ないこう》を思い出したのかもしれない。

さらに道三は、同じく義龍の異母弟・喜平次《きへいじ》（龍定《たつさだ》）に名門の一色《いっしき》姓を継がせた。

弘治《こうじ》元年（一五五五）十一月、まず義龍は道三の鷹狩りの留守を狙い、孫四郎・喜平次を仮病を使って呼び寄せ、これを斬殺。道三とはここで、義絶する。

二人の子を失った道三は、すぐさま挙兵した。己れが精魂傾けた天下の堅城・稲葉山城下に放火し、長良川《ながらがわ》を渡って、かつての土岐頼純のように大桑城に退却――。

父と子の戦いは年を越し、この間、道三は婿《むこ》である織田信長に、「美濃一国の譲り状」を送ったという。

弘治二年四月二十日、義龍方一万七千余に対して、道三の兵力は二千七百余。さしもの道三も多勢《たぜい》に無勢《ぶぜい》で押され、ついに長良川で討ち取られてしまう。美濃は、義龍のものとなった。

父を自らの手で討った義龍ではあったが、一説に彼は、道三を生け捕《いど》りにしたうえで引退させ、その後は幽閉するつもりであったという。

筆者もそうであったに違いない、と考えてきた。義龍は父・道三に、限りない愛情を持っていた雰囲気が、文献では大いに感じられたからだ。

しかし、後継者としての立場は複雑であり、美濃国内には道三のこれまでのやり方に対する不平・不満も、蓄積されていた。

義龍は手違いで父の生命《いのち》を奪ってしまったが、その領国経営はことごとく父の手法を踏襲している。領民たちも大いに義龍に懐《なつ》いており、信長が道三の死後を〝好機〟とばかりに、美濃併合を目指して攻めかかったものの、義龍の生きている間は、ついに成就《じょうじゅ》しなかった。

義龍もまた、父に劣らぬ名将であったといえる。

彼はかつて尾張にも影響力をもった、「一色」と姓を変え、自ら尾張を併合する姿勢を示した。

だが、寿命には勝てず、永禄四年（一五六一）五月に三十五歳で病没してしまう。

その子・龍興《たつおき》は、かつての道三派の人々＝〝西美濃三人衆〟の裏切りにあい、信長によって美濃を追われることとなる。永禄十年八月のことであった。

ちょうど、道三がこの世を去ってから、十一年の歳月が経過していた。

龍興はその後、天正元年（一五七三）八月に、身を置いていた越前朝倉家に加勢し、信長の軍勢と戦って、この世を去っている。享年は二十六であった。

〈三〉毛利元就➡輝元　徹底した自己管理を後継者の孫に説いた覇王

わしのはを次脇柱

戦国武将の生涯を調べていると、ときに定着したイメージと史実の異なる、まったくの別人に出会うことがある。

たとえば、一代における業績の偉大さや殺戮《さつりく》の凄《すさ》まじさなどから、これに伴うストレスを勝手に想像し、

「多分、この人は短命であったろう」

と思いこんだ人物が、実は殊《こと》の外《ほか》に長寿であったことに、「本当か」と驚嘆させられることがままある。

長寿といえば、信州の真田《さなだ》信之《のぶゆき》（信繁《のぶしげ》〈俗称・幸村《ゆきむら》〉の兄）は九十三歳、ガラシャ夫人の夫・細川忠興《ほそかわただおき》は八十三歳。九州の雄・鍋島直茂《なべしまなおしげ》は八十一、〝天下の御意見番〟大久保彦左衛門《おおくぼひこざえもん》は八十が享年であった。

戦国きっての梟雄《きょうゆう》ともいうべき毛利元就《もうりもとなり》でさえ、七十五歳まで生きていた。

これは人間五十年の、当時としては、きわめて長寿の部類に属しているといってよい。

毛利氏が拠った安芸国《あき》（現・広島県西部）の吉田荘《よしだのしょう》は、石見《いわみ》（現・島根県西部）と備後《びんご》（現・広島県東部）をつなぐ山間《やまあい》の小さな荘園であったが、当時としては交通の要衝であるとともに、文化的水準のきわめて高い地域であったといえる。

しかし、元就の兄・興元《おきもと》が家督を継いだ明応年間（一四九二～一五〇一）の末期の時点では、毛利氏はまだ安芸国に蟠踞《ばんきょ》する三十余の国人領主の一人にすぎなかった。

この頃、中国地方は出雲国《いずも》（現・島根県東部）を本拠とし、七カ国を勢力圏とする尼子《あまこ》氏と、代々を周防国《すおう》（現・山口県南東部）山口に拠って六カ国を支配下に置く大内氏の勢力が拮抗《きっこう》していた。

安芸や備後の豪族＝国人たちは、哀れである。ときには尼子氏の傘下《さんか》に、あるときは大内氏の配下に属しながら、双方の顔色を眺《なが》めて、自己勢力の保持につとめなければならない状況下にあったのだから。

その心労が祟《たた》ったのであろう、毛利氏の当主・興元が、永正《えいしょう》十三年（一五一六）八月に、二十四歳の若さで没してしまった。死因は、「酒害」とある。溜《た》まるストレスを酒に逃げたのであろう。

興元亡きあとの家督は、わずかに二歳の嗣子・幸松丸《こうまつまる》が継承し、興元の弟であった元就が後見することとなった。

が、大永三年（一五二三）七月、その幸松丸も九歳にして突然、

●毛利家系図

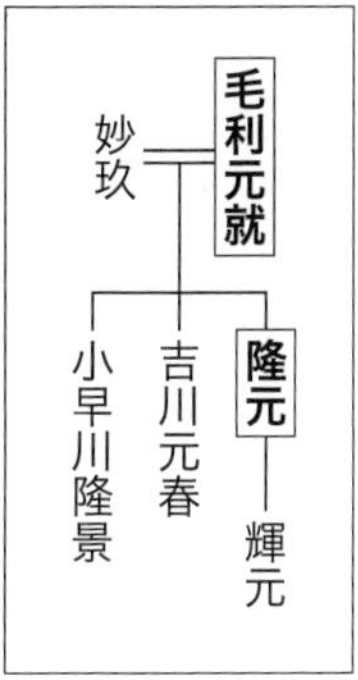

死んでしまう。九歳の当主では跡継ぎがあるわけがない。

興元には幸松丸以外に、女子が一人いただけで、他に男子はいなかった。そのため、二十七歳の元就が、毛利宗家を継ぐこととなる。

『毛利家文書《もんじょ》』によると、

〝毛利の家　わしのはを次脇柱《つぐわきばしら》〟

とあり、毛利宗家を継承した元就の発句《ほっく》とされている。

脇柱＝支城（猿懸《さるがけ》〈猿掛〉城）にあった元就が、はからずも鷲《わし》の羽＝毛利宗家を継ぐことになった、その感慨と決意を表明したものであったが、その心中は毛利家の存続を考え、気が気ではなかったに違いない。

権謀術数で下剋上

翌大永四年（一五二四）、尼子氏の重臣たちによるクーデター未遂事件（元就を排除し異母弟・相合元綱《あいおうもとつな》を擁立しようとした）を契機として、元就はそれまでの尼子氏の傘下を離れ、翌年には大内氏に服属する。

天文六年（一五三七）十二月には、十五歳の嫡子・隆元《たかもと》を人質として山口へ送った。

大内氏の被官（家来）となった元就は、かねて目論《もくろ》んでいた備後表への、新領地獲得に積極的に動き出す。

まずは尼子氏についている有力豪族を滅ぼすと、その所領を手中に収め、元就は瞬く間に尼子氏麾《き》下《か》の七城を陥《おと》としたという。

もっとも、元就という人物は、己れの勢力圏を拡張するのに、武力のみに頼ることはなかった。否、むしろ権謀術数を専《もっぱ》らとした、というほうが史実に近い。

大内氏に服従することとなった年の六月、大内氏に居城を攻められた安芸米山城主・天野《あまの》興定《おきさだ》に、元就は和平を周旋し、興定を毛利氏に属させたが、このとき自家の家臣・志道《しじ》広良《ひろよし》に、興定と兄弟契約を交《まじ》えさせることで、より関係を強固にしている。

また、天文二年には、本拠の郡《こおりやま》山城にほど近い、甲立五龍《こうだつごりょう》城主・宍戸《ししど》元源《もとよし》と和を結ぶと、翌年正月には元就自身が五龍城を訪れ、年頭の挨拶とともに若死にした元源の嫡男・元家《もといえ》の、遺子である隆《たか》家《いえ》（元源の孫）に長女を妻《めあわ》せた。

——そして、元就は、なおも両家の和合に心憎いばかりの気配りを示す。

宍戸氏は強勢を誇る国人であったが、元就は隆家を毛利氏の支柱と位置づけて、〝隆元、元春《もとはる》、隆景《たかかげ》の三子は、隆家ともどもわが家中を治めるよう〟に、と指導した。この四家が、のちの大毛利の基盤となる。

天文十五年十二月、元就は家督を長子の隆元に譲った。ときに元就五十歳、隆元は二十四歳である。

そうしておいて着手したのが、次男元春の吉川《きっかわ》氏相続による勢力拡大であった。

話は前後するが、これより前の天文十三年、三男の隆景が瀬戸内海の名門・小早《こばや》川《かわ》家を継承したが、これとて元就得意の謀略であったといってよい。

小早川氏は、沼田《ぬた》（現・広島県三原市）と竹原（現・広島県竹原市）を本拠とする強力な水軍を擁する鎌倉以来の名族――竹原の当主・小早川興景《おきかげ》の妻が、元就の姪《めい》であったことから、天文十年、嗣子のいなかった興景が病死すると、家中から隆景を養子にとの意向が示され、隆景は竹原城に入ったとされている。

毛利氏にとっては幸運といえなくもなかったが、一方の沼田小早川氏は当主正平《まさひら》と嫡子の繁平《しげひら》父子が、大内義隆の出雲進攻戦で父は戦死し、子は失明する事態となっていた。

隆景はつづいて、沼田高山城（現・広島県三原市）にも入城を果たすこととなる。彼は天文十九年には、竹原と沼田の両小早川家を、相続した。偶然と幸運の結果――とんでもない、沼田小早川氏の内部では、失明したとはいえ繁平を擁立したい、と考える家臣は少なくなかった。

だが、そうした人たちが粛清《しゆくせい》される、姪や小早川家重臣の策動は史実であり、隆景の小早川氏相続も、やはり元就の陰謀に拠る重要な政略の一環と見なし得る。

さて、次男元春の吉川氏相続である。

吉川氏は石見国に隣接する、大朝《おおあさ》（現・広島県山県《やまがた》郡北広島町）を拠点とする豪族であった。元就の妻・妙玖《みょうきゅう》は、吉川元経《もとつね》の妹。元経夫人は元就の異母姉であったことから、毛利と吉川の両家は、緊密に結ばれた姻戚関係だったといえる。

天文十四年十一月、妻の妙玖が没すると、元就は吉川家の当主・興経《おきつね》（元経の子）の叔父・経世《つねよ》、重臣の森脇祐有《もりわきすけあり》らと結んで、吉川家の乗っ取りを画策。

二十三歳の若い興経を隠居させて、元春を擁立しようとしたのだが、驚いた興経は元就や経世らに、城を明け渡して隠居することを告げ、隠居料（三百貫）を支給し、また森脇祐有を下城させるように要請したが、元就はこれを拒絶する。

天文十六年閏《うるう》七月、ついに元就は力ずくで、興経に毛利領内の深川《ふかがわ》への隠居を承認させると、同十九年二月、大内氏の容認のもとに、元春を新庄火《ひ》の山《やま》城（現・広島県山県郡北広島町）に入れ、興経の養子として吉川氏を継がせることに成功した。

だが、元就の恐ろしさは、それからであった。彼は無理やりに隠居させた興経の存在を危《あや》ぶみ、この年の九月、熊谷信直《くまがいのぶなお》（元春夫人の実父）と謀《はか》って、深川を急襲。興経を妻子とともに殺害してしまう。

こうして元就は、安芸国人の雄であった小早川と吉川の両氏を、その支配下に置いた。以後〝毛利両川《りょうせん》〟として、毛利氏を支え、発展の原動力としたのであった。

本家を支える分家

毛利家を強化した元就は、天文二十四年（一五五五）九月、主君の大内義隆を弑逆《しいぎゃく》した陶隆房《すえたかふさ》（晴賢《はるかた》）を厳島《いつくしま》の合戦で降《くだ》すと、その二年後には、晴賢の傀儡《かいらい》となっていた大内義長《おおうちよしなが》（大友宗麟《おおともそうりん》の実弟）を滅ぼした。ときに、元就は六十一歳であった。

では、一代の梟雄《きょうゆう》・元就は、いかに心身の管理をおこなっていたのであろうか。

次に掲げたのは、元就が嫁の尾崎局《おざきのつぼね》（嫡子隆元の室、嫡孫・輝元《てるもと》の実母）に宛てた書簡である。現代語訳してみた。

「輝元のことだが、一日頃より酒を嗜《たしな》みはじめたように見える。すえの椀《わん》（さかずき）などに一杯か二杯飲むのならよろしい。だが、中の椀に二杯ほども飲むようであれば、他の者は（輝元が）飲めると思い、とかく強く勧めるようになるから、どのようなことがあっても、それ以上は飲まぬように、よくよく言い聞かせるようにしてほしい。私の親や兄弟たちは、ことごとく酒によって（短命に）果てたのだから、それゆえに申し述べる次第だ。〈中略〉

私の父である弘元や祖父の豊元、それに兄の興元らは、いずれも皆、酒によって生命《いのち》を縮めている。祖父は享年三十三、父は三十九、兄は二十四であったが、ことごとく酒によって果てた。私がこのように長生きしているのは、下戸《げこ》（酒が飲めない）だからである。酒さえ飲まねば、七十歳、八十歳までも丈夫であろう。めでたいことではないか。めでたきことゆえ、重ねて申した次第である」(『毛利家文書』)

元就はかわいい孫のため、ひいては一代で築いた中国地方覇王としての毛利家を守るため、輝元へ節酒延命を説《と》いていた。

祖父・父・兄のみならず、元就は最愛の嫡子の隆元までも、己れの存命中に失っていた。すべてはストレスによる、酒への逃避であった。

永禄六年(一五六三)八月のことである。

伝承によれば、隆元はまじめな人柄で、膨張・拡大をつづける毛利家を、己れの代で失いはしないか、弟たちに取って代わられはせぬか、と気にかけていたという。どうも隆元はプレッシャーに弱い、性質であったようだ。

それゆえ心の緊張を解き、一刻でも現実からの解放を求めて、酒を浴びるように飲んだのだろう。

酒の儀、分を定めるべきこと。付けたり。酒などについても、かりそめも慰《なぐさ》みあるまじきこと。

元就は隆元にも訓戒していた。

また、気分転換に〝鷹狩り〟を勧めもしたが、隆元を救うことはできなかった。

そのためかどうか、元就は一時期、医師に対する不信が高じて、自身で医術を修めようとした節《ふし》がある。

とくに永禄九年、当時の日本で一、二といわれる名医・曲直瀬道三《まなせどうさん》を、出雲の富田城《とだ》（城主・尼子義久）攻めの本陣に迎えたときなどは、医術談議を聞き、医術講習会を主催し、懸命にその奥儀《おうぎ》を学んでいる。

元就はこのおりに曲直瀬に学んだすべてを、本陣の名をとって『雲陣夜話《うんじんやわ》』『雲陣夜話補遺《ほい》秘伝』と命名し、後世に残した。

元就の医術に向ける熱心さは、永禄十年、帰京した曲直瀬にさらに、政道の指針や養生についての要諦を求める態度にも表れていた。曲直瀬はおそらく辟易《へきえき》しながら、九条に及ぶ訓戒を授けたに違いない。

第一条において曲直瀬は、中国地方一帯を制した今こそ、武略・政道につとめることが大切だと説き、鎌倉末期の名僧・大鑑禅師《だいかんぜんじ》の言をひいて戒めた。

「怠《おこた》るは衆生《しゅじょう》の病であり、勤めることは衆生の薬である」

同様に第九条では、平生の飲食を節して、淫事《いんじ》を慎《つつし》めば病は発生せず、これと同様に常日頃、政道を正して武備を充実していれば、乱は起こらないとも説いている。

すべては孫・輝元への事業承継であった。

医に対する元就の姿勢は、後年の徳川家康の晩年と酷似していた。家康も医学に精通している。

これは筆者の独断だが、

「毛利氏は中国地方の支配にとどめ、それ以上の膨張を望んではならぬ」

とする元就の遺言は、あるいは先の、曲直瀬の訓戒に影響を受けた結果ではなかったろうか、と思われてならない。

輝元は優秀な二人の叔父に守られ、凡庸《ぼんよう》ながら覇業を継承したが、小早川隆景・吉川元春の相次《あいつ》ぐ死後、柄にもなく関ヶ原の合戦で、西軍の総大将に担がれ、個人的な領土拡張、貿易権の復活も企て、結局はすべてに支離滅裂、戦後、周防《すおう》（現・山口県南東部）と長門の二国に減封され、祖父に二歳足らない七十三歳まで生きた。

さぞかし草葉の陰で、元就はこの不出来な孫に、溜《た》め息《いき》をついたであろう。

〈四〉長宗我部元親➡盛親　帝王学を学ばず「関ヶ原」で不戦敗した二代目

四国統一を成した覇者

親から子への事業承継を考えるとき、その〝時機《タイミング》〟ほど、難しいものはあるまい。

常に、周囲の情勢は変化している。

白楽天《はくらくてん》（中国・唐《とう》の漢詩人）の『太行《たいこう》の路《みち》』という長短句に、

「行路《こうろ》難《なん》、水に在《あ》らず、山に在らず。祗《た》だ人情反覆《はんぷく》の間《かん》に在《あ》り」

というのがあった。

人生を生きていくことの難しさは、山や川の険阻《けんそ》にあるのではない。常に反覆する人情のたのみなさにあるのだ、との意だが、「人情のたのみなさ」はつまるところ、情勢の変化に尽きた。

このことを草葉の陰で思い知ったのが、四国の覇者・長《ちょう》宗《そ》我《か》部《べ》元親《もとちか》であり、その偉業を受け継ぎながらすべてを失うことになった、後継者の盛親《もりちか》であったに違いない。

ときは、慶長五年（一六〇〇）のこと。

この年の五月、豊臣家の五大老の筆頭・徳川家康が、同じく五大老の一・上杉景勝を討つべく会津へ出陣した。

関ヶ原の戦いの前哨戦《ぜんしょうせん》である。

その直後、四国の土佐《とさ》国（現・高知県）にあった岡豊《おこう》城（現・高知県南国《なんこく》市）の領主・盛親のもとに、豊臣秀頼《とよとみひでより》からの奉書がもたらされた。

いうまでもなく、家康と戦う決断をした五奉行の石田三成《いしだみつなり》が発したもので、奉書の内容は、家康の自儘《じまま》な振る舞《ふま》いを列挙し、亡き太閤《たいこう》に恩を感じるならば、秀頼公に忠節を尽くされたい、というものであった。

この時期、家康が畿内を留守にするや、その打倒を目指す三成は、しきりに西国大名に対して、この種の奉書を送り、反家康勢力の結集を図っていた。その一通が、盛親のもとにも来たわけである。

さっそく重臣を集めて評定が開かれ、三成の求めに応じるべきか否か、意見が徴《ちょう》された。

が、議論は容易にまとまらない。

●長宗我部系図

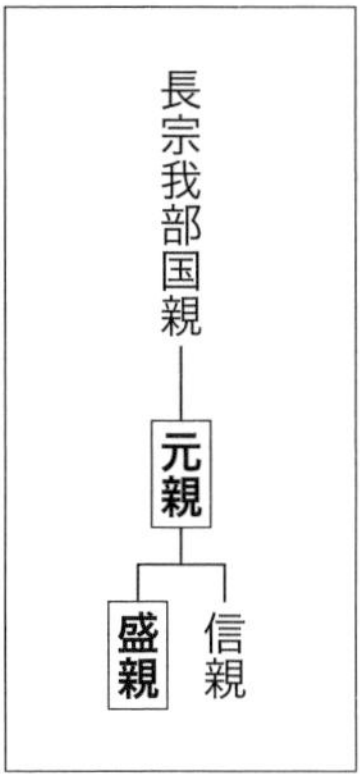

原因は、盛親の〝若さ〟にあったといえなくもない。
天正三年（一五七五）に生まれた彼は、関ヶ原の戦いが勃発する慶長五年、二十六歳になっていたが、その偉大な父・元親の、あまりに英雄的な経歴と名声に比べ、ほとんど比較するものをもたなかった。

しかも、その父は前年の五月に、他界してしまっている。

一方で、父とともに四国全土を征服しようとした古参の部将は多数、生き残っていた。彼らからみれば、盛親という後継者はあまりにも頼りない存在であったようだ。

無理もない。何しろ先代は、あまりにその偉業が大きすぎる武将であった。その重圧を、日々、思い知らされていたのが、後継者の盛親であったといえる。

立志の武将・長宗我部元親は、土佐の小領主から身を起こし、土佐一国を平らげて、ついには四国全土を征服しようとし、ほぼ成し遂げたところで、中央の政情が一変してしまった。

豊臣秀吉の政権が誕生したことにより、元親は土佐一国に押しこめられたものの、その生涯は戦国の英傑の中でも、一際《ひときわ》輝く明星《みようじよう》であったといえる。

——もともと長宗我部氏は、土佐の土着ではなかった。

信濃から流れてきた小さな勢力が、南北朝の頃、ようやく土佐の長岡郡宗我部郷（現・高知県南国市）に本拠を持つ土豪となった。

姓の「長宗我部」は、この本拠地名を縮めたもので、長宗我部氏が一躍、四国中の守護大名や土豪に注目されるようになったのは、元親の父（盛親の祖父）・国親《くにちか》の代にいたってからであった。

土着したものの大きくなれず、むしろ衰亡の一途をたどり、居城・岡豊城も奪われ、成す術《すべ》のなかった長宗我部氏の没落を、一人国親は支え、この家を再興した。

長宗我部元親初陣の像
永禄3年(1560)、22歳にして初陣を迎えた元親は、合戦前夜、若宮八幡宮に陣を置いた。八幡宮は元親は出陣の際、この社に戦勝を祈願した。銅像はその社地に槍の名手として武名を広げることになる勇猛な姿で立っている。

つまり、元親の偉業もこの父の功績あればこそであったが、盛親の側近はすべてを元親の一代に重ねて思い出す傾向が強かった。

その元親も、若い頃は内向的な性格で、

「姫若子《ひめわこ》」

と家臣に陰口を叩《たた》かれていたという。

家臣に、盛親同様認められていなかった元親が、土佐の中央部を二分するまでの勢力を築いた国親の後継となったのは、永禄三年（一五六〇）六月の国親の死去によるものであった。

――これも、〝時機〟であった。

英雄の限界

同年五月に遅すぎる初陣《ういじん》を果たした元親は、群雄割拠の中、目ざましい活躍をし、以後、積極果敢に近郊周辺を攻め立てた。

土佐一国を平定したのは、天正三年（一五七五）のこと。ときに、元親は三十七歳。

心身ともに充実していた元親は、その年のうちに、阿波《あわ》（現・徳島県）への進攻を開始している。

三年後、要衝の地・白地《はくち》（現・徳島県三好市）を押さえた元親に、天正七年には阿波の土豪が次々と降った。

戦《いくさ》に明け暮れる一方、元親は諸国の情勢にも気を配っている。とくに中央で興《おこ》った織田信長の勢力については、それと敵対するのではなく、あくまで〝親和〟をもって外交の基本に据えた。

その証左の一つが、元親の妻であろう。

美濃の斎藤利三《さいとうとしみつ》の妹をもらい、信長麾下《きか》の有力方面軍司令官・明智光秀《あけちみつひで》を通じて、常に信長の動向を知ろうと心がけた。利三は光秀の侍大将である。ちなみに、のちの春日局《かすがのつぼね》の実父でもあった。

元親の本来の後継者で嫡子の弥三郎は、信長の一字を貰《もら》って信親《のぶちか》と名乗っている。

だが、四国全域を平定しつつある元親を、信長は心底では、認めていなかった。

ゆくゆくは、長宗我部も討ち、四国を平定するつもりでいたのだが、覇王は本能寺の変で横死してしまう。

元親にとっては、またとない好機の到来であった。

すぐさま讃岐国《さぬきのくに》（現・香川県）の十河存保《そごうながやす》を攻め、阿波を併合した。

だが、そのあとがいけなかった。元親は信長の三男・信雄《のぶかつ》と徳川家康に意を通じ、羽柴《はしば》（のち豊臣）秀吉と敵対する外交を選択してしまう。

これは失敗であった。秀吉と信雄が和解したため、元親の外交は破綻《はたん》する。

加えて天正十三年には、総勢十二万三千の、秀吉の大遠征軍が四国へ押し寄せてきた。

元親は己れの敗北を認め、秀吉のもとへ降伏するのをやむなきにいたる。

このとき、土佐一国のみを安堵《あんど》された。

翌十四年、秀吉の九州征伐に参加した元親は、その過程＝戸次川《へつぎがわ》の合戦で、最愛の息子・信親を戦死させてしまう。ときに信親、二十二歳。

この息子は、一度に八人を斬り伏せたという、みごとな若武者ぶりであったと伝えられている。

「弓箭《きゆうせん》を執《と》るの家、戦死を以《もつ》て栄と為《な》す。悔い思ふべきにあらず」（『名将言行録』）

と家臣にはいったものの、このときおそらく元親は、己れの限界を、これからの展望も含め、思い知ったのではあるまいか。

天運に従う他なし

四国へ戻った元親は次男・親和《ちかかず》、三男・親忠《ちかただ》をさしおいて、四男・盛親を嗣子に定めた。

しかもこの決定に反対したものは、皆殺しとし、粛清を断行したうえでの、長宗我部家の再編成を図ったのだが、新体制が固まる前に元親が死去したことで、少しずつ生き残った反対勢力も動きはじめる。

家督を慌ただしく継いだ盛親は、何事であれ、

「亡き父ならば……」

と思案し、常に決裁を下してきた。関ヶ原合戦のおりも、熟慮の末、かつての父と同様、

長宗我部信親（『太平記英勇伝』東京都立中央図書館蔵）
元親の長男。身長6尺1寸（約185cm）の偉丈夫であり、父の期待を一身に受ける。その期待に応えるべく、島津勢との激闘の最中、4尺3寸（約1.6m）の大長刀を振るうが、最期は力尽きて御供衆と討死したと伝わる。

「内府（家康）につこう」

と決断した。

盛親は家臣たちを前に、述べたという。

「亡き父は太閤《たいこう》殿下の四国征伐に降伏し、土佐一国を安堵された。その恩義からいえば石田三成へ与《くみ》するべきかもしれぬ。しかしながら、父は早くから内府と昵懇《じっこん》の間柄であり、小牧《こまき》・長久手《ながくて》の合戦のおりには、内府の味方についた。内府の器量を評価されていればこそだ。自分は内府につき、大坂を攻めることにした」（『土佐物語』より）

右の作品の成立が後年であることを考えると、盛親の言葉を鵜呑《うの》みにはできないが、若き二代目が当時、畿内からは遠い田舎の土佐にあって、家康につく決断をした点は評価できる。

何しろ土佐は、即断即決のお国柄であったのだから。

盛親はその旨《むね》を家康に告げるべく、すぐさま密使として十市新右衛門《といちしんえもん》、町三郎左衛門《まちさぶろうさえもん》の二人を旅立たせた。

ところが、この二人、近江水口《みなくち》（現・滋賀県甲賀《こうか》市）に三成方の長束正家《なつかまさいえ》が設けた関所の、あまりにも物々しいありさまに驚き、

「とてもこれでは、東に行けぬ」

とあっさり役割を放棄。そのまま国へ舞い戻って、主君の盛親にその旨を報告した。

すると、盛親は次善を考えることなく、

「もはや天運に従う他なし」

とあっさりと東軍加担を引っこめ、一転して西軍に鞍替《くらが》えすることにしたという。

本意を果たせなかった無念さを抱きつつ、との語感が『土佐物語』にはあるが、このあたり、いかにも苦労知らずの二代目らしい発想という気がしないでもない。

盛親はほとんど、その後の情報収集もしていない。それでいて思い直すと、その行動は迅速《じんそく》であった。

三成が西軍を挙兵するや、盛親は六千六百の兵力を従え、宇喜多秀家《うきたひでいえ》を総大将とする伏見《ふしみ》城攻撃に参加。この城を落とすと、伊勢路に進攻して、東軍側の安濃津《あのつ》城（現・三重県津市）の攻略にも参戦している。

そして、関ヶ原の本戦――。

決戦場の東端に位置する栗原山《くりはらやま》（現・岐阜県不破《ふわ》郡垂井《たるい》町）に布陣した盛親は、これまで亡き父に学んだように、中国地方の〝大毛利〟に習おうとした。

栗原山は南宮山《なんぐうさん》の山麓《さんろく》であり、その南宮山の山頂には毛利の大軍が布陣していた。

（頭上の毛利と同様に動けば、まず出処進退に間違いはあるまい）

盛親は山向こうの関ヶ原を見ず、もっぱら山頂の動きに目を凝《こ》らして見入った。

もし、この世紀の一戦に、勝ち負けは別として、堂々と一戦を交えていたならば、盛親の武将としての、この日の面目は保たれたに相違ない。

けれども、盛親はついに一度として敵と槍を合わせることもなく、一発の銃弾を敵に向かって射つこともないまま、やがて総崩れとなって伊勢街道を南下する。

不戦敗を喫して、途中で百十三名の将兵を失い、伊賀（現・三重県西部）を経て大坂——土佐と潰走《かいそう》したことだけが、盛親の関ヶ原における戦歴となった。

慌てた盛親は、徳川家の四天王の一・井伊《いい》直政《なおまさ》の仲介で、家康に謝罪工作を遅ればせながら開始する。その一方では、浦戸《うらど》（現・高知県高知市）に拠《よ》って東軍を迎撃する態勢も固めた。

一時、交渉は盛親にとってよい方向へ向かった。何しろ、決戦では何もしていないのだから。ところが、謝罪に向かう直前、盛親は幽閉していた次兄の親忠を殺してしまう。城乗っ取りの企《くわだ》てが耳に入ったからであったが、この親忠は家康の腹心・藤堂高虎《とうどうたかとら》と昵懇《じっこん》であった。すぐさま親忠殺しが、高虎を通じて家康に聞こえてしまう。

「元親にふさわしからぬ不義者」

家康は激怒。盛親を成敗《せいばい》しようとするが、直政のとりなしもあって、全領土は没収されたものの、一命だけは助けられた。

一発の銃弾すら撃っていないのに、盛親は一国を召しあげられてしまったわけだ。

これほど、滑稽《こっけい》な話もあるまい。

(こんな馬鹿げた人生があってよいものか)

以来、関ヶ原での無念を胸中に、盛親はそれから十年ほど、京都で籠居生活を送った。ほどなく、世間がその名を忘れた頃、盛親は「大岩祐夢《たいがんゆうむ》」の名で寺子屋の師匠をやり、公家や朝廷の学者などとも交際をするようになって、それなりの日々を送っていたようだ。その隠者＝世捨て人が、ふいにその姿を消したのは、慶長十九年（一六一四）の大坂冬の陣の直前であった。

「秀頼公に馳走《ちそう》し奉《たてまつ》らん」

招かれて大坂城へ入城した盛親は、己れのふがいなさから失った土佐一国を、勝利して回復しようと考えたようだ。どれほどの、決意であったかはわからない。

あるいは、返り咲きがかなわぬ夢であっても、京の北郊で虫のように死んでゆく境涯から、今度こそは英雄の二代目らしく、華々しい最期を飾りたい、と願っていたのかもしれない。

だが、盛親は冬と夏の二度を戦いながら、死に場所には恵まれなかったようだ。

落城後、山城八幡《やましろやわた》（現・京都府八幡市）に潜居中を捕らえられ、慶長二十年五月十五日、京都六条河原で首を刎《は》ねられている。享年は四十一。

かくして、長宗我部氏の本流は絶えた。すべては情勢の変化、といえなくはない。

〈五〉豊臣秀吉⬇秀頼　世代が変われば恩顧も廃《すた》れる乱世の無情

家康包囲網

慶長三年（一五九八）八月十八日、日本史上初の天下統一を成し遂げた豊臣秀吉が、波乱の生涯を閉じた。享年六十二。

この天下人ほど、後ろ髪を引かれながらこの世を去った人物も、歴史上いまい。

一代で築いた豊臣政権は、朝鮮出兵という自らの愚挙により、瓦解《がかい》寸前、加えて嗣子の秀頼はあまりに幼い（六歳）。

「このままでは、死ねぬ――」

それが秀吉の、本音《ほんね》であったろう。

豊臣政権のナンバー2（大老《たいろう》・相談役）である徳川家康――その家臣である戸田氏鉄《とだうじかね》（左門《さもん》）の記録とされる『戸田左門覚書《おぼえがき》』によれば、秀吉は死の約三カ月前の六月十六日、病身をかえりみず、伏見城において諸大名を引見した。

この席には秀頼も、五奉行（政権の実務を担当）の浅野長政《あさのながまさ》・石田三成・増田長盛《ましたながもり》ら寵臣《ちょうしん》も列していたという。

秀吉は、人々に菓子を与えながら、

「せめてこの秀頼が十五歳になるのを待ち、これに精兵を授け、今日のように諸大名が秀頼に仕えるありさまを、この目で見ることができたなら、平素の願望もかなえられるであろうに、今や病勢がつのり、命数まさに尽きんとし、いかんともなすすべさえない」

長嘆息し、潸然《さんぜん》と落涙《らくるい》。その場に居合わせた人々は、涙を堪《こら》えて退出したものの、その後、多くの人が泣いてしまった。その光景をかい間見た人々が、大騒ぎをする。

太閤殿下がご他界――との虚報が、伏見から京へ、そして全国に伝播《でんぱ》してしまう。

天下はこぞって、秀吉の死期を固唾《かたず》をのみながら見守っていた。

●豊臣家系図

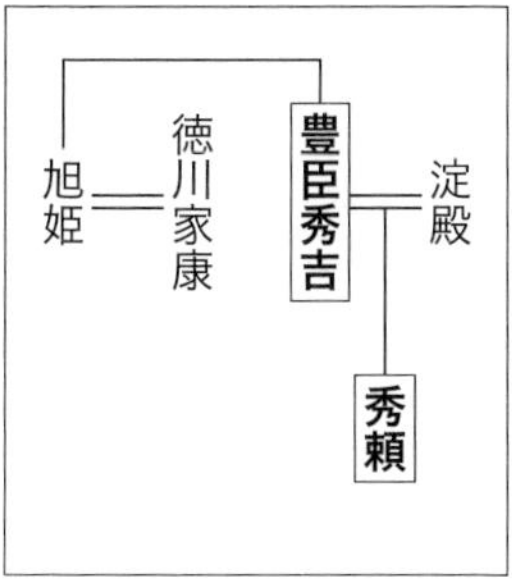

位人臣《くらいじんしん》をきわめた一人の人物の死が、この後、一代で築いた政権に、どのような影響をもたらすのか、人々の視線はその一点に集中していたといってよい。

何ぶんにも、秀吉が生涯をかけて骨身を削《けず》り、構築した豊臣政権は、華やかな栄光に包まれていた半面、あまりにも脆弱《ぜいじゃく》すぎた。政権らしきものが発足して、わずか十年にも満たない。しかも勢いに乗って、他国への侵略戦争までしでかしていた。

秀吉が死ねば、再び乱世に逆戻りする懸念があった。

「狙うは、徳川どのであろうよ」

誰よりもそのことを実感していたのは、当の秀吉であったはずだ。

そのため、彼は知謀の限りを尽くして、家康封じの手を打った。

まず、三河《みかわ》（現・愛知県東部）・遠江《とおとうみ》（現・静岡県西部）・駿河《するが》（現・静岡県中部）・信濃《しなの》・甲斐《かい》という、家康自前の五カ国の領地を取りあげ、北条《ほうじょう》氏の旧領、俗に〝関八州〟と呼ばれた八カ国（正しくは六カ国相当）に、京大坂での滞在費を含め、計二百五十一万二千石を与えて、移封を命じた。

素直に受け取れば、領土は大きく増加している。だが、関東全体では、常陸《ひたち》（現・茨城県）に佐竹義重《さたけよししげ》（義宣《よしのぶ》の父・五十四万五千八百石）、安房《あわ》（現・千葉県南部）に里見義康《さとみよしやす》（九万石）、下野（現・栃木県）に宇都宮国綱《うつのみやくにつな》（慶長二年、領地没収）・佐野了伯《さのりょうはく》（唐沢山《からさわやま》城主・三万九千石）・那須資景《なすすけかげ》（五千石）などの大名や豪族が分布していた。

地理的なこともある。これまでは駿河国から東に仰ぎ見た箱根山塊《さんかい》が、これからは逆に西進への天然の障害となっていた。箱根路の嶮岨《けんそ》さを越えるのは、西からにせよ東からにしても、よほどの覚悟がいる。関東はまさしく、西日本に対する独立圏であり、換言すれば、出るに出られない檻《おり》の中に、家康は封じこめられたに等しかった。

しかも主城を繁栄している小田原《おだわら》ではなく、寂《さび》れていた寒村の江戸に、あえて移すように、と命じたのも秀吉であった。

江戸の建設・整備に加えて、九十年に及ぶ旧主・北条氏への思い入れが、現地にはあり、加えてかつての同盟者でありながら、北条氏を裏切った家康に対する地元民の反発、各地で起きる小規模な一揆に家康は悩まされていた。

これまで治めていた東海地方は、魚肉でいえば脂《あぶらみ》身の旨《うま》みがあり、日本の中央部に位置する豊饒《ほうじょう》の地であった。が、関八州は痩地《やせち》が多く、農業用水利も東海地方に比して、格段に遅れていた。しかも、家康が入封した江戸は、海寄りの低い湿地が大半で、城下町をつくるにも、埋め立て工事からはじめねばならず、飲料水にもこと欠く始末であった。

家康は急いで江戸城に通じる「道三堀《どうさんぼり》」（現在の呉服橋から大手町にいたる北側道路部分）を開かせるべく、家臣総出の普請《ふしん》を命じた。大身者であろうと、下級者であっても、容赦《ようしゃ》なく動員している。

さらに、家康を取り囲むように配置された外側の大名たちは、いずれも豊臣恩顧の者ばかりで、家康が天下の難所である箱根を越えて、西へ進軍したと仮定しても、その先へ進むのは、きわめて困難であったろう。

まず、駿府城には秀吉子飼いの中村一氏《なかむらかずうじ》がいた。秀吉の死の直前＝慶長三年七月には、一説に「中《ちゅう》老職《ろう》」ともなっている。頑固で一徹なだけに、家康を相手に徹底抗戦を構えるに違いない。

次の遠州掛川城《かけがわ》――ここには山内一豊《やまうちかずとよ》が五万石を有して控えていた。

横須賀《よこすか》城には有馬豊氏《ありまとようじ》（三万石）、浜松《はままつ》城には堀尾吉晴《ほりおよしはる》（十二万石）が入っている。

いずれも戦巧者で、中でも吉晴は寡黙な武将ではあったが徳望があり、戦場での功績だけではなく、多くの面で高く評価されて秀吉から「豊臣」姓まで拝領していた。

さらには、豊橋《とよはし》の吉田城には、池田輝政《いけだてるまさ》が十五万石でおさまっていた。三河国岡崎城には田中吉政《たなかよしまさ》（五万七千四百石）が、そして尾張清洲《きよす》城には秀吉恩顧の大名の中でも、秀吉が最も頼りとした猛将・福島正則《ふくしままさのり》が待ち構えていた。

正則の母は、秀吉の母・大政所《おおまんどころ》の妹であり、幼少からその縁で正則は秀吉に仕え、柴田勝家《しばたかついえ》との一大決戦・賤ヶ岳《しずがたけ》の戦いでは、〝七本槍〟の筆頭にあげられた勇将である。石高は二十四万石であった。

これらの勢力が一丸となって、家康の前進を阻《はば》めば一大脅威であったろう。否、進軍そのものが不可能であった。

秀吉の対家康包囲網は、前面よりもむしろ後背に仕掛けがあった。第一章で取りあげたが、関東の後方には豊臣家最強の武将・蒲生氏郷《がもううじさと》がいた。

この信長の愛弟子《まなでし》ともいうべき武将は、たった一人で家康のみならず奥州の伊達政宗《だてまさむね》、越後の上杉景勝《うえすぎかげかつ》を、押さえていたのである。もし、氏郷が存命でありつづけていれば、関ヶ原の戦いはそもそも、起きなかったに違いない。

ところが、今でいう結核性の痔瘻《じろう》を患《わずら》い、文禄《ぶんろく》四年（一五九五）二月七日、氏郷は四十歳でこの世を去る。そのあとに、百二十万余石で上杉景勝が入ったのだが、彼には氏郷ほどの器《うつわ》はなかった。

秀頼の将来を託した遺言

秀吉の家康包囲網は完璧であったが、人間、寿命だけは計り知れない。

不安に全身を震《ふる》わせながら、秀吉はこの世を去ったが、その直後、今度は五大老で家康と並ぶ威望をもつ前田《まえだ》利家《としいえ》までもが、病床に伏す（慶長四年〈一五九九〉閏《うるう》三月死去）。

家康はようやく己れに課せられた包囲網を、徐々に破ることに着手した。

翻《ひるがえ》って慶長三年七月、もはや自力で病を克服する気力も完全に失った秀吉は、昏睡《こんすい》状態に陥《おちい》ったのち、意識を回復して己れの死期を悟ったのであろう。十五日、徳川家康・前田利家らに宛《あ》てた、十一カ条の遺言を口述筆記させた。

五大老と五奉行は、遺言を必ず守る旨の血判を押した起請《きしょうもん》文を、八月五日付で秀吉のもとに差し出している。この日、小康《しょうこう》を得た秀吉は、自筆遺言状を認《したた》めた。

「返々《かえすがえす》、秀より（秀頼）事たのみ申候《もうしそうろう》。五人のしゅ（衆・五大老）たのみ申し候。いさい（委細）五人の物（者・五奉行）に申しわたし候。なごりおしく候。以上

秀より事、なりたち候やうに、此《この》かきつけ之《の》しゅとしてたのみ申候。なに事も、此ほかにわおもひのこす事なく候。かしく」

宛先は徳川家康を筆頭に、前田利家、上杉景勝、宇喜多秀家《うきたひでいえ》である。八月十八日、ついに秀吉は、六十二年の絢爛《けんらん》たる生涯を閉じた。

露とをち露と消へにしわが身かな
　浪速《なにわ》のことは夢のまた夢

わが身を露と観じて、浪速（大坂）の栄華も夢の中の夢でしかなかった、そう秀吉は悟りながら、未練を残しつつ死んでいった。
豊臣家が滅亡したのは、それから十七年後の大坂の陣においてであった。

大坂の陣

御所柿《ごしょ》（家康の天下）は　独り熟して落ちにけり
木の下にいて拾う秀頼

慶長十六年（一六一一）、家康がまだ二条城にいた頃、京都の町に書き捨てられた落首である。ときに家康は七十歳、秀頼は十九歳であった。

関ヶ原の戦いで勝利して以来、宥和《ゆうわ》策をもって秀頼を一大名に封じこめようとした家康も、己れの老齢化に反して、秀頼が成人していくのを見るにつけ、不安と焦燥を募らせ、ついには実力で秀頼を屈服させようと画策するにいたった。

慶長十六年から同十九年にかけて、豊臣譜代の有力大名・加藤清正、池田輝政、浅野幸長《よしなが》らが相次いで病没すると、時節到来とばかりに、家康は秀頼側への圧力を倍加する。

京都・東山の方広寺《ほうこうじ》の鐘銘《しょうめい》「国家安康君臣豊楽」に、言いがかりをつけ、釈明のために駿河へ出向いた大坂方の家老・片桐且元《かたぎりかつもと》を介して、大坂城を明け渡して国替《くにがえ》を承服するか、秀頼か淀殿《よどどの》（秀頼の母）に江戸参勤をさせるか、の二者択一を迫った。

大坂方はこの申し出を受けるべきであったかもしれない。が、彼らには十万人の軍兵が、十年間籠《こ》もれるという大坂城があった。

戦っても負けぬ、とばかりに憤激した大坂方は、且元を大坂城から追放し、開戦準備をはじめる。

しかし、家康の対応は、それ以上に素早く、同年十月には東海・中国・四国の大名たちに大坂の包囲を、東北地方の大名には江戸に参会させる手筈《てはず》を整えた。

同月二十三日、家康は麾下の軍勢を従えて京都に到着。前後して徳川方の諸大名も続々と入京した。その総勢は、二十万である。

家康は十一月十五日、二条城から出陣。二代将軍・秀忠（家康の三男）と茶臼山《ちゃうすやま》で合流し、ここを本営と定めて布陣を完了する。

同月十九日、本格的な合戦の火ぶたが切って落とされた。

さすがに豊臣秀吉が、天下の総力を傾注して築いた比類なき堅城である。

とりわけ、〝天下無敵〟といわれた、関東の北条氏の小田原城を見本《モデル》とした総堀（外堀）の威力は凄まじく、皆目、攻城方を寄せつけなかった。

唯一、力攻めに弱いと見なされた城の南東にも、真田信繁（俗称・幸村）の守る〝真田丸〟が築かれ、十二月四日、前田《まえだ》利常《としつね》（金沢百二十万石）勢がここへ押し寄せたが、手痛い反撃にあい、攻城方は多数の死傷者を出している。

同月十六日、家康は準備していた大筒《おおづつ》の一斉砲撃を命じたが、その成果は実のところ微々たるものでしかなかった。

家康は大坂城の難攻不落を、秀吉より聞かされていた。当初から講和を想定していたが、大坂方はこの大切な〝徹底籠城〟の戦略を、秀吉亡きあと忘却してしまったようだ。

家康は連日、大砲を撃ちこみ、連夜、兵に大声を出させて、穴を掘って大坂城に迫るともいい、城内の女・子供の恐怖心を煽《あお》った。幸いにして大砲の砲弾の一発が、まぐれで天守に命中し、女城主・淀殿の侍女が死傷する事態となった。

やがて極秘裏に、淀殿主導で和平会議が設けられ、大坂城は本丸のみの堀を残して、二ノ丸・三ノ

大阪城（大阪府大阪市/©〈公財〉大阪府観光局提供）
秀吉の後継者・秀頼を守るはずだった黒鉄の城。現在、本丸跡地に建つのは復興された「大阪城天守閣」。大坂の陣後、秀吉の大坂城は破却され、徳川の手による大坂城が建てられた。復元天守は徳川大坂城の土台の上に建つ。ただし、外観は秀吉が手がけた天守に似せている。

丸の堀を破却することが、口頭で約束され、総堀は攻城方によって埋め立てられることとなる。二ノ丸、三ノ丸の堀は、大坂方の担当で埋めると定めたが、家康は勝手に堀を短期に埋め尽くしてしまった。

家康は秀頼に、大和《やまと》（現・奈良県）か伊勢（現・三重県）への国替を伝えた。慶長二十年三月、秀頼は使者を駿府に送り、国替の中止を嘆願するが、家康は秀頼の拒否を口実に、再び諸大名に大坂出陣を命じると、またもや二十万の大軍をもって、大坂城を包囲した。

——世にいう、大坂夏の陣である。

徳川方は大軍を二手に分け、一軍は大和から河内《かわち》（現・大阪府東南部）に入り、国分《こくぶ》付近に布陣。家康・秀忠ら本軍は河内を進み、国分の東方、大坂城東南四里にある道明《どうみょうじ》寺付近で、両軍が合流する作戦であった。

徳川勢の意図を読んでいた後藤又兵衛《ごとうまたべえ》、木村重成《きむらしげなり》、長宗我部盛親、毛利《もうり》勝永《かつなが》、真田信繁らは、少数で大軍を迎え撃つため、大坂城を出て地の利を占めて戦う戦術をとる。

六日、又兵衛の一軍が徳川勢の攪乱《かくらん》を狙って、道明寺に討って出たものの、続いてやってくるはずの勝永・信繁の隊が、霧のため姿を見せず、到着したのは、又兵衛らが討死《うちじに》にしたあとであった。

ほぼ同時刻、道明寺の北方二里にある八尾《やお》・若江では、重成・盛親の率いる約一万の軍勢が、徳川方の藤堂高虎《とうどうたかとら》・井伊直政らの軍勢と血戦を繰り広げていた。

が、しょせんは多勢に無勢。戦いに利あらずして、重成が討死を遂げる。

七日、家康は早朝に枚岡《ひらおか》に陣を進め、主戦場となる天王寺口《てんのうじ》は自らが、将軍・秀忠は岡山口へ回る布陣を決定。この天王寺・岡山での戦いが、大坂夏の陣の最終決戦となる。

勝永・信繁の軍勢は再三、家康の本陣に討ちかかり、勇名を馳《は》せたが、ついに力尽きて敗死した。

他方、大坂城内の秀頼はこの期《ご》に及んでも、一向に戦場に姿を見せなかった。これでは総帥《そうすい》としての、資質が問われるというもの。

冬の陣における講和もそうだが、つまるところ秀頼は大将の器に育っていなかった。秀吉は家康包囲網以上に、秀頼の行く末を考えていたであろうが、結局、見通すことのできない人の寿命、世代が代われば恩顧も廃《すた》れるという〝無情〟までは計算することができなかった。

加えて母である淀殿は、秀吉の方針と異なり、秀頼を公卿（関白）にすべく教育している。

結果、秀吉の切実な思いや遺言もむなしく、豊臣家は滅亡する運命をたどることとなる。

翌五月八日、大坂城は火焔《かえん》に包まれて灰燼《かいじん》に帰し、秀頼は山里曲輪《やまざとくるわ》の矢倉の中で、母・淀殿（四十九歳）とともに、二十三歳の生涯を閉じた。

第四章　一族の衰退を招いた後継者

〈一〉武田信玄➡勝頼　なぜ戦国史上最強の軍団は崩壊したのか

常勝軍団の危うさ

一世を風靡《ふうび》した堅牢で強力な組織が、ある日、突然、瓦解《がかい》してしまう事例を、筆者《わたし》は歴史の世界に数多く目撃してきた。

――組織はなぜ、崩壊するのか。

たとえば、〝戦国最強〟とまで謳《うた》われた、名将・武田《たけだ》信玄《しんげん》の率いる甲州軍団は、それでいて天下の覇権をついには握れず、次代の勝頼《かつより》で滅亡してしまった。

信じられないような結末だが、実はその組織絶頂のときに、すでに敗因を内在していた。多くの組織構成員は、そのことに気がつかない。

弱小国甲斐《かい》（現・山梨県）の、脆弱《ぜいじゃく》な基盤からスタートした信玄が、一代で六カ国に支配権をもった武田家は、スタッフには真田《さなだ》幸隆《ゆきたか》（信幸《のぶゆき》〈のち信之《のぶゆき》〉・信繁《のぶしげ》〈俗称・幸村《ゆきむら》〉の祖父）、高坂昌信《こうさかまさのぶ》などがあり、ラインの長にも〝武田二十四将図〟に描かれた逸材が、雲霞《うんか》のごとくに輩出されていた。

それが一朝、信玄が病死すると、瞬時にして崩壊してしまった印象を受ける。甲州流軍学の兵法書

『豹業品《ひょうぎょうのほん》』は、その理由を、「勝戦《かちいくさ》にばかり慣れていたから、滅亡したのだ」と説《と》いた。

武田家が〝無敵〟〝最強〟〝常勝〟の冠を得て、天下に畏敬《いけい》されたのは、信玄がそれに見合う努力を積み重ねた結果であった。

その後継者である勝頼は、いわばその余慶《よけい》＝〝七光《ななひかり》〟を受けて世に出たことになる。本来ならば、勝頼は余慶を自らの実力に変えるべく、まず父の遺領をしっかりと固めるべきであった。

ところが、彼はそうはせず、むしろ、がむしゃらに兵馬を動かして、自らが父を超える名将たらんと活動した。

信玄も死ぬ前に、

●武田家系図

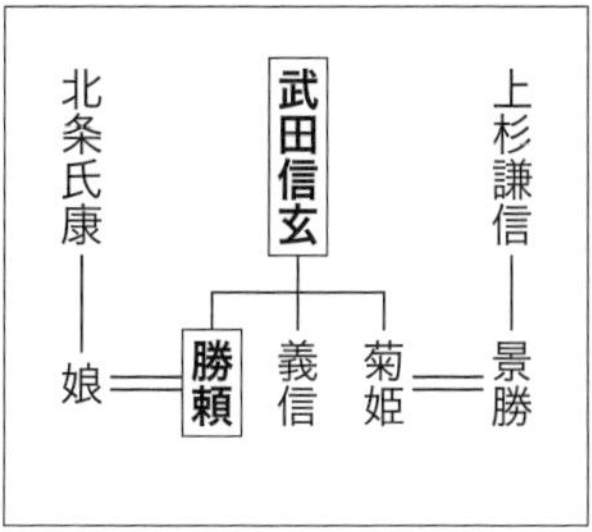

「かまへて四郎（勝頼）、合戦数奇《すき》仕《つかまつ》るべからず」

といい、目的と手段を取り違えるな、「合戦のための合戦」は愚かであるぞ、とわが子の勝頼に言い遺《のこ》していたのだが。

天下の情勢を、よく見極めよ、とも。

畿内を平定して、十二カ国を支配下に置いた織田信長が、いずれ甲斐国へ攻めこんでくるのは火を見るよりも明らかであった。

信長には徳川家康という、長く武田氏と国境《くにざかい》を接してきた盟友もあった。

侵攻してくる前に、領土を固めて、関東の北条《ほうじょう》氏との同盟を構築すれば、敵は長い補給路を引きずってくるのだから、まだ、多少なりの勝算も残されている、武勇では絶対に負けないのだから、と武田家の部将たちは考えた。

しかし、勝頼は周囲の進言に耳を貸さず、思い違いをしてしまった。

何がいけなかったのか。勝頼は天文《てんぶん》十五年（一五四六）の生まれであり、彼は父の信玄が分国法『甲州《こうしゅう》法度之次第《はっとのしだい》』を制定した頃――武田家が最も苦しく、厳しい現実にさらされていた、甲斐の内情を知らなかった。

下剋上《げこくじょう》の気分が横溢《おういつ》する甲斐で、守護家の父がどれほど苦労をして土豪・国人《こくじん》たちを組織化したかを知らず、そのカリスマ性が長い歳月の中で確立され、押しも押されもしない国主となってからの、姿のみを見て勝頼は育った。そのため甲斐国主という地位を、たとえば信長の国のそれと同質に考えてしまったようだ。

武田家では、長子の太郎義信《よしのぶ》が信玄の後継者と決まっていた。義信は父が苦労した時代を見て育っている。幼少期から帝王学も授《さず》けられ、長ずるに及んでは父・信玄とは異なる〝戦略眼〟をもつようにもなった。

この父子は、駿河《するが》（現・静岡県中部）進攻作戦を前にして、その賛否で衝突した。義信は従来の同盟関係を重視する自説に固執《こしつ》し、それを翻《ひるがえ》さなかった。ために自害させられたのである。

勝頼は伝えられる限り、ほとんど信玄に逆らったことのない人であった。信玄に忠実で、決してこの父を感情的に激させることはしていない。

信玄が義信を捨て、勝頼を後継者にした気持ちも理解できなくはなかったが、〝もしも〟義信の主張した駿河への進攻＝対今川家との戦いを選択せず、それまでの甲相駿《こうそうすん》の三国同盟を堅持《けんじ》していれば、その後の武田家の様相も、自《おの》ずと違ったものとなったであろう。

勝頼は勘違いしたまま、天正《てんしょう》二年（一五七四）五月に、遠江《とおとうみ》国小笠《おがさ》郡（現・静岡県掛川市）の高天《たかてん》神《じん》城へ攻めこんだ。二万五千人を動員して、強襲に次《つ》ぐ強襲をおこない、死傷者千人を超える損害を出しながら、一カ月後にこれを落としている。

「信玄公も落とせなかった城を落とした」との名声がほしかったのであろうか。

入手しても、さほど戦略的に価値をもたない城であった。

勝頼は義信が嗣子《しし》の時代、部将の列に並んだこともあった。そのため、必要以上に自らの立場を大きく見せようと、虚勢を張ってしまった。

高坂弾正忠の三つの方針

高天神城を抜いた勝頼は、それに味を占め、あろうことか、晩年は信玄ですら甲州軍団の単独による決戦を諦めていた信長に対して、自ら合戦を挑《いど》んでゆく。

これには信長のほうが驚いたであろう。彼は〝信長包囲網〟に畿内で張りつけ状態にされた中で、信玄の中央突破＝西上作戦により、甲州軍団の精強さをいやというほどに見せつけられていた。潜在的恐怖心もある。それならば、と鉄砲の大量使用に踏みきった。

――長篠《ながしの》・設楽原《したらがはら》の戦いである。

合戦当日、信長は延々と柵を結《ゆ》って馬防柵を組み、甲州騎馬隊の突撃を食い止め、自らは多数の鉄砲を繰り出す新戦法を用いた（三段式に撃った話は、後世の創作）。

これにより、信虎《のぶとら》―信玄―勝頼の三代に仕えた老将・馬場美濃守信春《ばばみののかみのぶはる》をはじめ、武田信繁《のぶしげ》（信玄の実弟）亡きあと甲州軍団を統率してきた一方の雄・内藤修理亮昌豊《ないとうしゆりのすけまさとよ》、「赤備《あかぞなえ》」の隊長である山県三郎兵《やまがたさぶろうひょう》衛尉 昌景《えのじょうまさかげ》などが、相次いで戦死を遂げる。

不幸中の幸いは、信玄の幕下にあり、その名声を謳《うた》われた海津《かいづ》城将の高坂弾正忠《だんじょうのちゅう》 昌信が、この合戦のおりには、信越国境の守備に回っていたため、戦死することがなかったことであろう。彼は長篠・設楽原の敗戦後、三つの方針を勝頼に示している。

一、駿河、遠江（現・静岡県西部）の二国を北条氏に譲り、甲信二国を専《もっぱ》らに保つこと。
二、謙信《けんしん》に幕下の礼をとり、信長の甲斐国侵攻を防ぐこと。
三、身分の高い者の子弟の昇進をやめ、代わって身分は低くとも実力のある者を登用《とよう》し、甲州軍団を再編成すること。

だが、勝頼はこれらのいずれをも、ついに受け容《い》れなかった。

天正六年（一五七八）五月七日、武田氏の衰運を予知しながら、昌信は甲府の高坂邸にて五十二歳の生涯を閉じてしまう。

その死の二カ月前、義侠《ぎきょう》心に厚く、武田家を救ってくれたかもしれない上杉謙信が、四十九歳でこの世を去っていた。

名門・甲斐武田氏の命運は、後世から見た場合、昌信と謙信の死をもって、ここにきわまった感が、なきにしもあらずであった。

ぐらつきはじめた甲州軍団の、屋台骨を補強するために、天正五年になってようやく、北条氏政《うじまさ》の妹を、勝頼は己れの正室に迎えたのだが、この婚姻がさらに、勝頼を窮地に追いこむこととなる。

上杉謙信に実子がいなかったことから、その死後、越後国《えちご》（現・新潟県）では養子二人による、国主の座をめぐって御家騒動が勃発《ぼっぱつ》した。

一方の景勝《かげかつ》は、長尾政景《ながおまさかげ》（謙信の義兄）の子である。他方の景虎《かげとら》は、北条氏政の弟（氏康《うじやす》の七男）であった。

当然のことながら、氏政の義弟となり、北条氏の同盟者の立場である勝頼は、北条氏とともに景虎を支援に回った。

甲州軍団が越後に侵攻、もはや景虎の勝利と思われた局面で、景勝から謀臣・直江兼続《なおえかねつぐ》を介して、今後は勝頼に臣従を誓うから、力を貸してもらえないか、と誘いをかけられる。景勝側は必死だ。信じられない話だが、勝頼は思わずフラフラとその話に乗ってしまった。

本来なら、この〝転向〟を阻止すべき側近の長坂光堅《ながさかみつかた》と跡部勝資《あとべかつすけ》も、景勝から五千両相当の賄賂《わいろ》を、各々もらって、景勝への味方を進言した、というありさま。

今ここで景勝を助け、景虎を討てば、父・信玄でさえ成し得なかった越後国の併合が、御屋形様《おやかた》の手でかないまする。そうなれば、長篠・設楽原の合戦での汚名もそそげ、越後軍の精強を加えて今一度、甲州軍団を再建して、信長と一戦を交《まじ》えることができるではありませんか。

人間、弱っているときほど、自分に都合のよい夢想をするもの。

勝頼は周囲の制止も聞かず、義弟にあたる景虎を討つ側に回ってしまった。

おかげで、景勝方は勝利した。さてそのあと、景勝は勝頼に服従したか、というとんでもない。景勝は頰冠《ほおかぶり》（知っていながら、知らないふりをすること）をして、約定《やくじょう》を恍《とぼ》けてしまい、誓いは守られなかった。

勝頼が手にしたものは結局、織田・徳川連合軍にあわせて、これまで同盟国であった北条氏からの宣戦布告状であった。

なんとかして父を超えようとした勝頼は、かえって甲州軍団を崩壊、解体へと導いてしまう。天正九年七月、勝頼は迫りくる四方の諸勢力に耐えかねて、現在の山梨県韮崎《にらさき》市の北部に城を築いた。城は守りの象徴であり、それ自体は勝利をもたらさない。

翌十年正月、信玄の娘を妻に持つ身内の木曾義昌《きそよしまさ》が背《そむ》いたのを好機とばかり、信長は軍勢を甲斐国へ入れたが、このとき勝頼とともに戦おうとした武将はほとんどいなかった。生来、攻撃することだけに情熱を燃やしてきた甲州軍団の面々は、おそらく、迫りくる敵を追いはらう戦《いくさ》に、情熱をもてなかったのではあるまいか。かつ、数量的に勝利を望むべくもない状況においてはなおさらであったろう。防御への執着が去ったとき、戦国最強の軍団は崩壊した。

トップたる者の重大な使命

天正十年（一五八二）、信長は前人未到の甲斐国への進軍を決断。二月九日、軍令十一カ条を発布し、三月五日、安土《あづち》城（現・滋賀県近江八幡市）を出陣した。

甲州軍団は混乱と動揺の中で、離反者が続出する。すでに、佞人《ねいじん》の長坂や跡部の姿は、そこになかった。

信玄の甥《おい》で、勝頼には妹婿《いもうとむこ》にあたる穴山信君《あなやまのぶただ》（梅雪《ばいせつ》）は、信長の盟友家康と内通。勝頼の娘を息子にもらっている武田信豊《のぶとよ》も、軍議は出てこずに信濃《しなの》国（現・長野県）へ走った。

勝頼の叔父・信廉《のぶかど》（逍遙軒《しょうようけん》）も逃亡したというから、勝頼は、軍団はおろか一族一門からも完全に見放されたことになる。

さらに勝頼は、最後の頼みとすがった岩殿山《いわどのやま》城主の小山田《おやまだ》信茂《のぶしげ》にも裏切られ、哀れ天目山《てんもくざん》（現・山梨県甲州市）の露と消えてしまう。勝頼が夫人とともに自害したのは、この年の三月十一日のことであった。享年三十七。

信玄が開発した、戦わずして勝つ情報重視の戦略や、赤備＝最強と思いこませる印象《イメージ》の植えつけ、政治・軍事・経済に関する数々の業績は、甲州軍団の遺臣とともに、そっくりそのまま、信玄崇拝者の家康に受け継がれた。家康が真に天下取りの競争《レース》に参加できる資格を得たのは、これら信玄の遺産を受け継いだことによる。

蛇足ながら、付け加えておきたいことがある。勝頼その人について、である。

彼は、多くの勘違いをしたものの、一人の人間として見た場合、認めるべき点は少なくなかった。勝頼は彼なりに一生懸命、甲斐国存続を懸けて果断に行動したし、その戦略も決して人後に落ちるものではなかった。

ただ、勝頼にとっての不幸は、育った環境がよすぎたことである。それまでの彼の人生には、試練も苦境もなかった。

信玄がその父である武田信虎の、多くの失敗例を見て育ったのに比べ、勝頼は必勝不敗の父親しか見ることがなかった。

無敵の甲州軍団に包まれて、ついぞ敗北を知らぬままに育っている。これは一人、勝頼の責任とはいえまい。むしろ、逆境を個人ではなく集団で克服するための制御装置《システム》を、信玄が確立せぬまま他界したことのほうが、問われるべきかもしれない。

二代目勝頼は、自薦《じせん》してその地位についたのではなく、先代の信玄が選んだのだ。勝頼を後継者に選んだ段階で、信玄はその性格を考え、彼を補佐すべき〝ナンバー2〟や、軍師・参謀を確定しておくべきであった。その点で、信玄こそが亡国の責任者というべきかもしれない。

私情を捨てて、公的に立派な、周囲の認める後継者を選び、育成してのち、座を譲る機会を逸しないのも、経営者の重大な使命であろう。否《いな》、これ以上に難しい経営者の使命は、ないのではあるまいか。

眠れる北の大国

「事は惣《ゆるが》せにする所《ところ》に起こり、禍《わざわ》いは無妄《むぼう》に生ず」

という一節が、中国の詩文集『古文真宝《こぶんしんぽう》』（黄堅《こうけん》編）に載っている。

――意味はわかりやすい。

大事はふだんの緩《ゆる》みから起こるものであり、禍いは不測の油断から起こるものである、となる。

同様に、中国の古典「五経《ごきょう》」の一《いっ》・『書経《しょきょう》』には、

「天の歴数《れきすう》、汝《なんじ》の躬《み》に在《あ》り」

という言葉があった。

こちらは、天の歴数――すなわち天命は、あなた自身に備わっているのですよ、との意である。

この二つの中国古典の名言を、戦国きっての教養人である朝倉義景《あさくらよしかげ》は、当然、知っていたであろうが、振り返ればもう少し、嚙《か》みしめて実践するべきであったように思う。

彼が国主をつとめた越前《えちぜん》国（現・福井県北部）は、日本屈指の大国であった。

四代前の朝倉孝景《たかかげ》（初名を敏景《としかげ》、号して英林宗雄《えいりんそうゆう》）が、日本人を一変させた「応仁《おうにん》の乱」（一四六七～七七）＝下剋上の時勢に、近隣を切り従え、国内を統一。覇府を一乗谷《いちじょうだに》（現・福井県福井市城戸ノ内町《きどのうち》）に置いて、歴史に残る家憲《かけん》を定めた。

とくに、人材登用に心がけ、軍略・兵法に意を注ぐようにと、厳しく家憲でも繰り返している。

孝景は揺るぎもない、北国の大国を一代にして築きあげた。

だが、彼があまりにみごとに、一代で朝倉家を整えすぎてしまったがために、あとにつづく代々の国主たちは、自分たちのするべき役割が見いだせず、苦労や逆境の経験のないまま、揃《そろ》いも揃って凡《ぼん》庸《よう》に生き、そのまま死んでいった。

重臣たちも、大国ゆえに〝偸安《とうあん》の夢〟（目先の安楽）をむさぼるような暮らしに慣れ、戦国乱世の時勢にあって、越前国だけは主従ともに例外的な泰平の世を謳歌《おうか》していたといえる。

教養あふれる義景などは、乱世で荒廃した京都を己《おの》が覇府に再現しようとしたほどであった。

それらを可能にした武力的裏づけが、当主義景の補佐役をもつとめた朝倉教景《のりかげ》（号して宗滴《そうてき》）の存在であり、この朝倉一族出身の長老（孝景の末子《ばっし》）は、文武に秀《ひい》で、とりわけ合戦の指揮と軍政に手腕を発揮した。

いわば、一人で朝倉氏の勢威を、天下に轟《とどろ》かせてい

●朝倉家系図

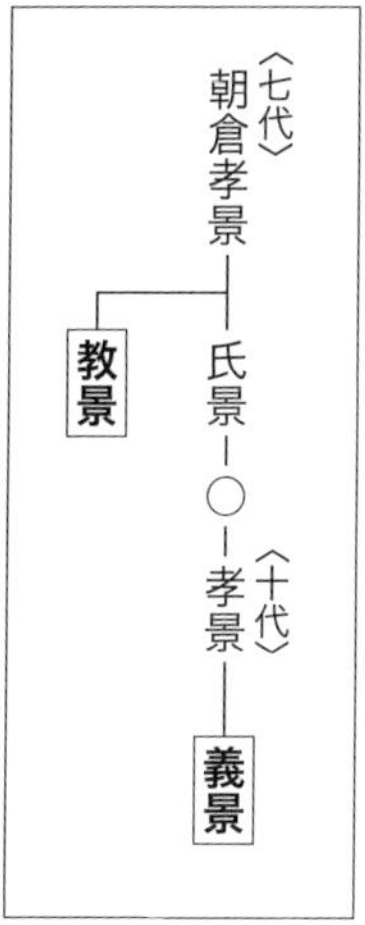

たといってよい。

朝倉氏の栄光は、この宗滴に負うところがきわめて大きかった。

その恩人が、天文二十四年（一五五五）九月八日に、八十二歳でこの世を去った。

義景はこのときこそ、冒頭の〝歴史の道理〟を心の底から思い出し、自らの親政開始とともに実践し、眠れる大国を蘇《よみがえ》らせるべきであったろう。

だが、彼は変革に動かず、当初は朝倉家の権威も微動だにしなかった。

なぜか、朝倉家の将兵が北陸最強であったことに加え、この家には他国にはない強みがあったからだ。越前国の経済力である。当時の海運は日本海側が主流であり、朝倉家は要衝・敦賀《つるが》湊《みなと》（現・福井県敦賀市）を押さえていた。

莫大《ばくだい》な朝倉家の財力は、比叡山延暦《ひえいざんえんりゃくじ》寺の僧兵たちの金主《きんしゅ》をつとめるほどであり、僧兵たちは自分らの生活費を捻出《ねんしゅつ》するため、高利貸しをおこなっていたが、ここでも利が利を生み、当然のごとく金主＝越前朝倉氏に巨万の富をもたらした。

運に見放される

義景に天下取りの覇気、志があったならば、朝倉氏は北陸路を南下し、他の大名の誰よりも早く、京の都に〝天下布武〟の旗を翻《ひるがえ》すことができたに違いない。

一乗谷朝倉氏遺跡全景（福井県観光連盟提供）
一乗谷は一乗谷川に沿って形成された谷で、その谷間に朝倉氏が五代103年間にわたって城下町を築いた。北は川が流れ、東、西、南を山に囲まれた天然の要害で、南北に城戸を設け、「城戸ノ内」に城下町が広がっていた。日本有数の城下町には、京都や奈良の貴族・僧侶が頻繁に訪れ、北陸の小京都とも呼ばれた。朝倉氏が放棄した後、信長に町は焼き尽くされた。

だが、彼はそうはせず、京都文化についての造詣《ぞうけい》、〝雅《みやび》〟や知識と教養をもって、戦国乱世の中、公《く》卿《ぎょう》たちを保護したり、その文化伝承を支援したりすることに、己れの存在意義を見いだしてしまう。

半面、義景は天下に野心というものを持たなかった。それゆえ、庸劣無能《ようれつむのう》のように、同時代の成り上がり者・織田信長（義景より一歳年下）からは決めつけられ、のち室町《むろまち》幕府の十五代将軍となる足利《あしかが》義秋《よしあき》（越前で義昭《よしあき》と改める）が、援助を求めてきたのにもかかわらず、保護はしたものの積極的には動かなかった。あげく、義昭を失望させ、あたら信長のもとへ走らせてしまった。

その後、義昭を擁して上洛した信長は、京都周辺を平定すると、永禄《えいろく》十三年（一五七〇）四月（この月二十三日に、元亀《げんき》元年と改元）、織田軍団の他に三河《みかわ》国（現・愛知県東部）の徳川家康、飛騨《ひだ》国（現・岐阜県北部）の姉小路《あねがこうじ》頼綱《よりつな》、伊勢《いせ》国（現・三重県北中部）の北畠《きたばたけ》信雄《のぶかつ》（信長の次男）、河内《かわち》国（現・大阪府南東部）の三好義継《みよしよしつぐ》（〝三好三人衆〟に後見された三好氏の宗家、将軍義昭の妹婿《いもうとむこ》でこの頃、信長に帰順）、大和《やまと》国（現・奈良県）の松永久秀《まつながひさひで》らの軍勢を、京へ参集させた。

諸軍が揃ったところで、信長は全軍を京都から進発させる。琵琶湖の西方から湖北へ急ぎ、越前の敦賀へ一気に侵入すると、朝倉方の天筒山《てづつやま》城（現・福井県敦賀市）を攻撃した。そして、これを難なく抜くと、さらに金ヶ崎《かねがさき》城（現・福井県敦賀市）に殺到する。

文字どおり、破竹の進撃ぶりであったといってよい。

それにしても、敦賀は朝倉家の越前西部および若狭《わかさ》（現・福井県西部）方面の拠点である。

この戦《いくさ》――常識的に見れば、信長の連合軍は、敵の真《ま》っ只中《ただなか》に飛びこんだに等しく、無謀というほかはなかった。信長がそれを承知で、あえて奇襲戦を敢行したのは、かつて朝倉家の客将となっていた臣下の明智《あけち》光秀《みつひで》より、越前の国情＝天下泰平の中で油断している、との情報を聞き、この老大国を舐《な》めてかかったことがあげられる。

とくに信長は、義景の無能ぶりに呆《あき》れていた。

事実、敦賀の平野に突如、数万の織田連合軍が現れ、朝倉家ははじめて事態の重大さに色めき立った。否、異様なまでに狼狽《ろうばい》した。

このままでは、都城一乗谷は旬日《じゅんじつ》を経ずして陥落するしかなかったろう。

その前衛たる金ヶ崎城は、織田方の千挺《ちょう》を超える鉄砲により、狭い柵や大手門などは無数の鉛弾《えんだん》を浴び、蜂《はち》の巣のようになって、城は一日で落ちた。

一乗谷に危機が迫っていたが、義景はすぐさま出陣せず、周囲にせきたてられてようやく出陣したものの、途中で命令だけ下して、自身は一乗谷へ引き返してしまった。

一方、意気盛んな織田連合軍は間髪を入れず、木ノ芽《きのめ》峠から十六里（約六十三キロ）を驀進《ばくしん》し、一乗谷を屠《ほふ》る計画で諸隊の部署割を終える。

先鋒《せんぽう》には、わずか数年の間に織田軍の中で木下藤吉郎秀吉《きのしたとうきちろうひでよし》（のち豊臣秀吉）と並ぶ出世頭となった明智光秀が、同盟軍の徳川家康と駒を並べて担当することになった。

二十八日の夜、織田連合軍の将士は、それぞれが功名《こうみよう》を夢見て眠りについたであろうが、同じ頃、藪《やぶ》から棒の大変事が連合軍を見舞う。

これまで織田家と密接な同盟関係にあった、北近江《おうみ》（現・滋賀県北部）の浅井長政《あざいながまさ》（信長の妹婿《いもうとむこ》）が、にわかに、窮地に立った朝倉家に呼応し、織田連合軍の退路を断つ挙に出たのである。

敦賀平野は三方を山襞《やまひだ》に囲まれ、一方は日本海が目前に迫る。前方から敵を迎えるだけでも本来は難しい。前後から挟撃されれば袋のねずみで、どこにも逃げ場はなかった。今度の信長の作戦も、朝倉氏の大国ゆえの緩慢な体質、国主義景の無能さに加え、浅井氏の消極的協力＝中立を前提とすればこその、奇襲戦であったといえる。

義景は、逃げる信長に追撃戦を仕掛けた。

ここで信長を討ち取っていれば、日本の歴史は大きく変わったに違いない。だが、義景の予想を上回って、信長の逃げ足は速かった。義景は反射神経でも、信長にはかなわなかったようだ。

怠慢で好機を失う

それでも〝天〟は、この北国の太守に、もう一度、機会《チャンス》を与えている。

元亀三年（一五七二）十一月のことであった。

この時期、義景の宿敵信長は、深刻な事態に追い詰められていた。仲違《なかたが》いした将軍義昭による、〝信長包囲網〟のため、信長は畿内各所で、朝倉・浅井連合軍に加え、本願寺顕如《けんにょ》に率いられた門徒＝一向宗徒、延暦寺の僧兵などに、ぐるりと取り囲まれていた。

しかも、動きを封じられた織田軍に、〝戦国最強〟といわれた甲斐国の武田信玄が、上洛を目指して迫っていた。

もし、その猛攻——反信長同盟軍をあげて——に押さえこまれれば、信長は壊滅的打撃を蒙《こうむ》ることになったであろう。

信長は悲鳴をあげんばかりに、同盟国である越後の上杉謙信にすがることを考えつく。

「なんとか朝倉義景を、国許《くにもと》に帰国させてはもらえまいか」

馬に目のない謙信に、南蛮渡来の名馬を贈り、密書を送ったのだ。

信長は、信玄と謙信が〝不倶戴天《ふぐたいてん》の敵〟であることを熟知していた。それ以上に、これまでの戦いで、義景の性根を見極めていた。

とにかく、動きが鈍《にぶ》い。

義景は万事に〝雅〟を求めすぎたのではあるまいか。

「難しいが、あの男さえ崩《くず》せたら……」

信長は祈る気持ちであったろう。義景を帰国させることができれば、朝倉軍に振り向けた兵力だけでも手駒として使える。信長は、謙信に食いさがった。謙信と義景には、利害の相反する関係がない。

むしろ越中国（現・富山県）の一向宗を挟んで、二人は誼《よしみ》を通じ合う関係にあった。

「一度、冬が到来する前に、国許へ戻って、兵馬を休められてはどうか」

信長に根負けした謙信は、義景に勧告した。

もし、この時、義景が謙信の申し入れを拒絶していたならば、再び歴史は大きく方向性を変えたはずだ。だが、義景は兵站《へいたん》欠乏を恐れて、謙信の助言を幸いに兵を引く。

これにより鉄壁を誇った〝信長包囲網〟も、信玄の進発以前に、その一角が崩れてしまったのである。

年が、元亀四年に改まった。この年の四月十二日、武田信玄は病没（享年五十三）。どうにか苦境を持ちこたえた信長は、七月には将軍義昭を追放し、ようやく四面楚歌《しめんそか》からの脱出を果たす。

あとは、報復のみ。七月二十八日、朝廷に奏請《そうせい》した信長は、暦《こよみ》を「天正」と改元させる。

いよいよ、織田軍の攻勢がはじまった。

同年八月八日、岐阜を出撃した信長は、浅井氏を攻め、救援に駆けつけてきた朝倉勢との間で激戦を展開。ついには朝倉軍を潰走《かいそう》させることに成功した。

この間、長政は小谷《おだに》城を包囲されていて、一歩も動けない。

信長は腹を括《くく》っていた。

今度こそ、徹底した追撃戦で、朝倉勢を完膚《かんぷ》なきまでに撃砕し、義景を討つ、と。

傾《なだ》れを打って、越前に乱入した織田軍を率いた信長は、連日の猛攻で疲労困憊《こんぱい》する自軍を叱咤《しった》激励すると、なおも執拗《しつよう》に敵将義景を追撃しつづけた。十四日、越前に到達。約十里の行程を十三〜四時間で走破した。この間に、織田軍は約三千八百の朝倉将兵を討ち倒している。

敦賀にあって信長は、諸隊の追撃態勢を改めて整頓《せいとん》。そのまま、越前の中心へ突撃を敢行した。木ノ芽峠を越えて、十八日に府中（現・福井県越前市）へ到着。義景は父祖累代《るいだい》の地・一乗谷に留まることもできず、大野郡へ。そして亥《い》ノ山《やま》城（現・福井県大野市）へと逃げたが、分家であり、長く一門の首班に列していた重臣の朝倉景鏡《かげあきら》に裏切られ、ついに八月二十日、自害して果てた。

天下に覇を唱えるだけの実力を備え、誰よりも早く上洛の可能性をもち、一向一揆の恐ろしさをも自覚していながら、ただ一つ、義景は天下取りの野心を持たなかった。

越前国を乱世の中で泰平に導き、人々の暮らしを守り、京の公家たちを救援したにもかかわらず、ついに家は滅亡、自らをも死にいたらしめてしまう。

「七転八倒　四十年中　無他無自《むたむじ》　四大本空《しだいもとよりくう》」

義景は己《おの》が末路の原因を、果たして理解していたであろうか。

享年は、四十一であった。

〈三〉浅井久政➡長政　息子に任せきれなかった父の誤断

信長構想を破綻させたもの

「委《い》任《にん》一《いつ》ならざるは乱の媒《なかだち》なり」（『文中子《ぶんちゅうし》』）という言葉が中国隋《ずい》代の古典にある。人を信じて委《まか》せることができなければ、委された人に謀叛心を起こさせる仲立ちをしたのと同じだ、との意である。

実力のある経営者＝社長が、形だけ会長職に退いて、あくまで実権を握り「院政」を施く――現代でもよく見かける構図である。

だが、多くの場合、この形式は傀儡《かいらい》の社長が、自らの意思に目覚めることにより、会長との間に亀《き》裂《れつ》が生じ、結果として組織そのものを、崩壊させてしまうことが、ままある。

永禄三年（一五六〇）十月、家督を息子の賢政《かたまさ》に譲った、北近江の戦国大名・浅井《あざい》久政《ひさまさ》は、冒頭の道理をどこまで、わきまえていたであろうか。

二年後の正月、尾張《おわり》清洲《きよす》城（現・愛知県清須市）において、織田信長は三河国の松平《まつだいら》元康《もとやす》（のち徳川家康）を招き、ここに両者の同盟が成立した。

尾張より東に同盟者を得て、心を強くした信長は、同様に西にも同盟者を求め、自領に併合した美《み》濃《の》国（現・岐阜県南部）の西隣に位置する、浅井氏と手を結ぶことを画策する。

そして永禄三年以降、遅くとも同六年までの間に、自らの妹・お市《いち》を賢政に嫁がせて、同盟成立に漕《こ》ぎつけた（それ以外の異説もあるが）。このおり賢政は感激し、信長の一字をもらい、自らの諱《いみな》を「長《なが》政《まさ》」と改めた。

彼には信長の標榜《ひょうぼう》する〝天下布武〟の意味合いが理解できていたようだ。

信長は東に家康、西に長政を配して、双方を競わせつつ、その要所に自軍を派遣して、己《おの》が領土拡張を図ろうとしていた。

ところが、それからわずか十年も経《た》たないうちに、この信長の義弟は、尊敬していたはずの義兄に離反し、逆に討とうとする。

この転換には父・久政の、わが子にはまかせておけぬ、との思いが基盤にあった。

●浅井家系図

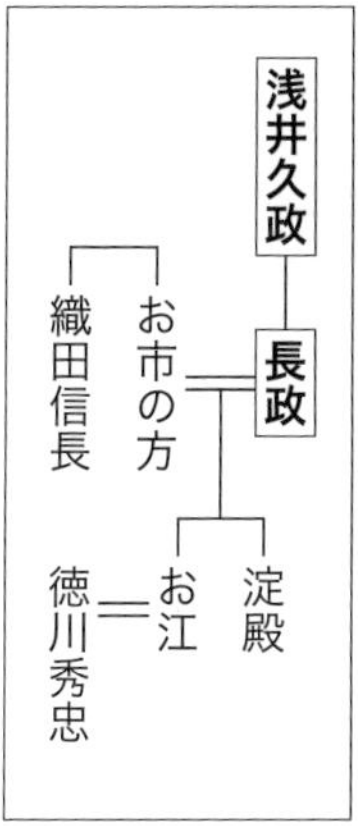

父と子の亀裂が、決定的となったのは、永禄十三年四月（この月に「元亀」と改元）のことであったかと思われる。

浅井氏は突然、窮地に立った朝倉家を救うべく、にわかに呼応して、織田連合軍の退路を断つ挙に出た。これには久政の長政への説得も大いに影響があったかと思われる。

「長政が離反した？　まさか……」

信長は信じられない面持《おもも》ちで、しばし惘然《ぼうぜん》と立ち尽くした、と伝えられている。

長政の心中

それはそうであろう。敦賀平野は三方を山襞《やまひだ》に囲まれ、一方は日本海に落ちる。前方から敵を迎えるだけでも、本来は攻守が難しい。前後から挾撃されれば袋のねずみで、どこにも逃げ場はなかった。

今度の作戦も、朝倉氏の緩慢《かんまん》な体質に加え、浅井氏の協力＝中立的静観を前提とすればこその、ものであったはず。

信長は己れを知り、敵（朝倉義景）を知り尽くしたと自負していたが、どうやら味方の中の潜在敵対勢力——正確には、長政の父・浅井久政への配慮が足らなかったようだ。あまりに、過小評価をしすぎていたのかもしれない。

長政の祖父・亮政《すけまさ》以来、三代にわたって、京極《きょうごく》（佐々木）氏を守護としてきた近江にあって、南に勢力を張り、勃興した六角氏《ろっかく》（京極と同じ佐々木氏の嫡流）と京極氏との間で、同盟や抗争を繰り返してきた浅井氏は、「国衆《くにしゅう》」（土豪・地侍とも）を糾合《きゅうごう》しての、成り上がりの一面を持っていた。

北近江には、先進地域特有の自治村落＝惣村《そうそん》（中世の農民の地域的自治組織）があり、浅井氏支配の基底はこれ、、であった。国衆を代表して来た久政は、息子長政の信長寄りの家政運営を、家の成り立ちとして危ういものとみなした。そのうえで、国衆の総意という形で久政は、信長が擁立した十五代将軍・足利義昭を蔑《ないがし》ろにすると、息子のやり方に嘴《くちばし》を入れるようになった。

長政には室町幕府を再興したい、との望みもあり、信長が浅井家を自らの家来のようにこき使うことにも、内心、疲弊していた。久政に多少は反論したものの、説得し切れず、ついには父の見解に屈してしまった。

久政―長政父子の決断で、後方を浅井氏に押さえられた信長は、絶体絶命の窮地に追い詰められる。ただ、一方の朝倉氏の動きの鈍《にぶ》さに助けられ、どうにか九死に一生を得て、五月二十一日、岐阜へ生還することに成功した。信長にすれば、義景よりも長政が許せなかったであろう。

信長はすぐさま、浅井家の内訌《ないこう》（内紛）を画策。木下藤吉郎秀吉（のち豊臣秀吉）や竹中半兵衛《たけなかはんべえ》に、浅井家に従う近江の国人・堀秀村《ほりひでむら》と樋口直房《ひぐちなおふさ》主従を調略させ、長政から二人を引き離した。

そして、効果が現れると、すかさず国境付近の浅井方の砦《とりで》を、次々と攻略する。

浅井氏に単独で、織田軍と戦える力はない。信長は浅井氏の居城・小谷《おだに》城近くまで深く侵攻し、領内の村々に火を放った。

小谷城下を襲撃した信長は一転、後退して横山城（現・滋賀県米原《まいばら》市）を包囲する。

なぜ、横山城なのか――岐阜から関ヶ原を経て米原（現・滋賀県米原市）に出ると、琵琶湖に沿って南北に近江平野が延びている。

この平野は米原を境に北と南に区分され、一方の北近江のほぼ中央を東西に貫流して姉川《あねがわ》が流れていた。信長は来《きた》るべき浅井・朝倉連合軍との決戦を、この姉川を挟んでの地域、と想定していた形跡がある。

小谷城は姉川の北八キロに聳《そび》える、小谷山にあった。

小谷山の東南にある大依山《おおよりやま》（現・滋賀県長浜市大依町）は事実、後日の姉川の合戦のおり、前日に浅井・朝倉連合軍が陣を布《し》いたところで、彼らはこの山を下りて姉川北岸に進出した。

対する織田方の拠点は、姉川の南方・臥龍山《がりゅうざん》――その北端の龍ヶ鼻《りゅうがばな》（現・滋賀県長浜市東上坂町《ひがしこうざかちょう》）に、信長は本陣を据える気でいた。

問題の横山城は、臥龍山の山頂にあった。

南北に細長いこの山は、単なる北岸に対する南岸としての意味合いをこえ、交通の要地としても重要であり、北側には北国《ほっこく》街道が通じ、南側には京に通ずる中山道が走っていた。信長はこの戦略的価値を、決して見逃さなかった。

時を移せば、横山城は岐阜と京を結ぶ織田家のルートを遮断《しゃだん》する脅威となりかねない、加えて、龍ヶ鼻の西には国友《くにとも》村（現・滋賀県長浜市国友町）がある。

ここは日本で最高の技術を持つ、鉄砲鍛冶《かじ》の居住区であった。

天下一の強名を得ている武田信玄との、来るべき対決をにらんで、信長はどうしてもこの村＝大量の鉄砲を確保しておきたかったのである。さらに横山城を攻めることで、若い浅井長政が救援のため、遮二無二《しゃにむに》出撃してくる、と読んでいた。

むしろ、長政をおびき寄せることが作戦の要《かなめ》であった、といえるかもしれない。

横山城を完全包囲し、準備万端を整えて、信長は家康に援軍を要請した。

報復、姉川の戦い

六月二十八日未明から、姉川を挟んで対峙《たいじ》した織田・徳川連合軍と浅井・朝倉連合軍の戦いは、午前十時に徳川勢と朝倉勢の激突で幕を開け、一方で織田勢と浅井勢がぶつかった。

浅井家の名将・磯野員昌《いそのかずまさ》は、幾重《いくえ》にも布いた信長の陣形を突破し、大いに織田方を慌《あわ》てさせた。員昌にはこの一戦の重大さが、骨身に沁《し》みて理解できていたのだろう。

敗れれば、浅井家は滅びる——必死の攻勢をつづけたが、横山城の包囲を担当していた信長方の救援により、浅井勢は側面を突かれ、形勢は逆転。

ついには北へ、浅井・朝倉連合軍は敗走する。

——浅井・朝倉の命運はこのとき、定まったといえる。

天正元年（一五七三）八月二十日、信長は越前の朝倉義景を滅ぼし、近江虎御前山《とらごぜやま》（現・滋賀県長浜市中野町）へ転戦。その砦《とりで》に入ると、木下藤吉郎秀吉に小谷城攻めについて質《ただ》した。

かねてこのことを予期していた彼は、小谷城攻略作戦を信長に言上する。

この一戦には、配慮せねばならない事項が一つだけあった。信長の妹・お市とその娘たちの救出である。

『武功夜話』などによれば、先陣を願い出る秀吉に、信長が妹の救出を条件づけたとあるが、あえて主君にいわれずとも、秀吉は心働きをしたであろう。一説に、お市は秀吉の憧憬の的《まと》であったともいわれ、どうすれば、お市たちを無傷のまま救出できるか、と秀吉は懸命に考えた。

長政とお市の夫婦仲はいたって睦《むつ》まじく、一男三女をもうけていた（男子の母には異説あり）。お市が夫に殉《じゅん》じる可能性は、決して低くはなかった。

ここで考えられたのが、長政のいる郭《くるわ》と父・久政の守る郭との間にある、「京極郭」を攻撃・占拠し、父子の連絡を遮断することであった。

長政は死装束《しにしようぞく》に身を固めて、生前供養《くよう》をおこない、城兵の士気を鼓舞《こぶ》し、敵《かな》わぬまでも信長に徹底抗戦しようとしていた。そこへ、京極郭の陥落が伝えられる。

八月二十七日、追い詰められた久政は、ついに自害。当主の長政は、妻と娘三人（のち淀殿《よどどの》、京極《きようごく》高次室《たかつぐ》、徳川秀忠室《ひでただ》）を信長のもとに送り届けて、嫡子・万福丸《まんぷくまる》は城から落とし、九月一日には自刃《じじん》して果てた。長政の享年は、二十九であった。万福丸は小谷落城後に捕らえられ、十月十七日、美濃関

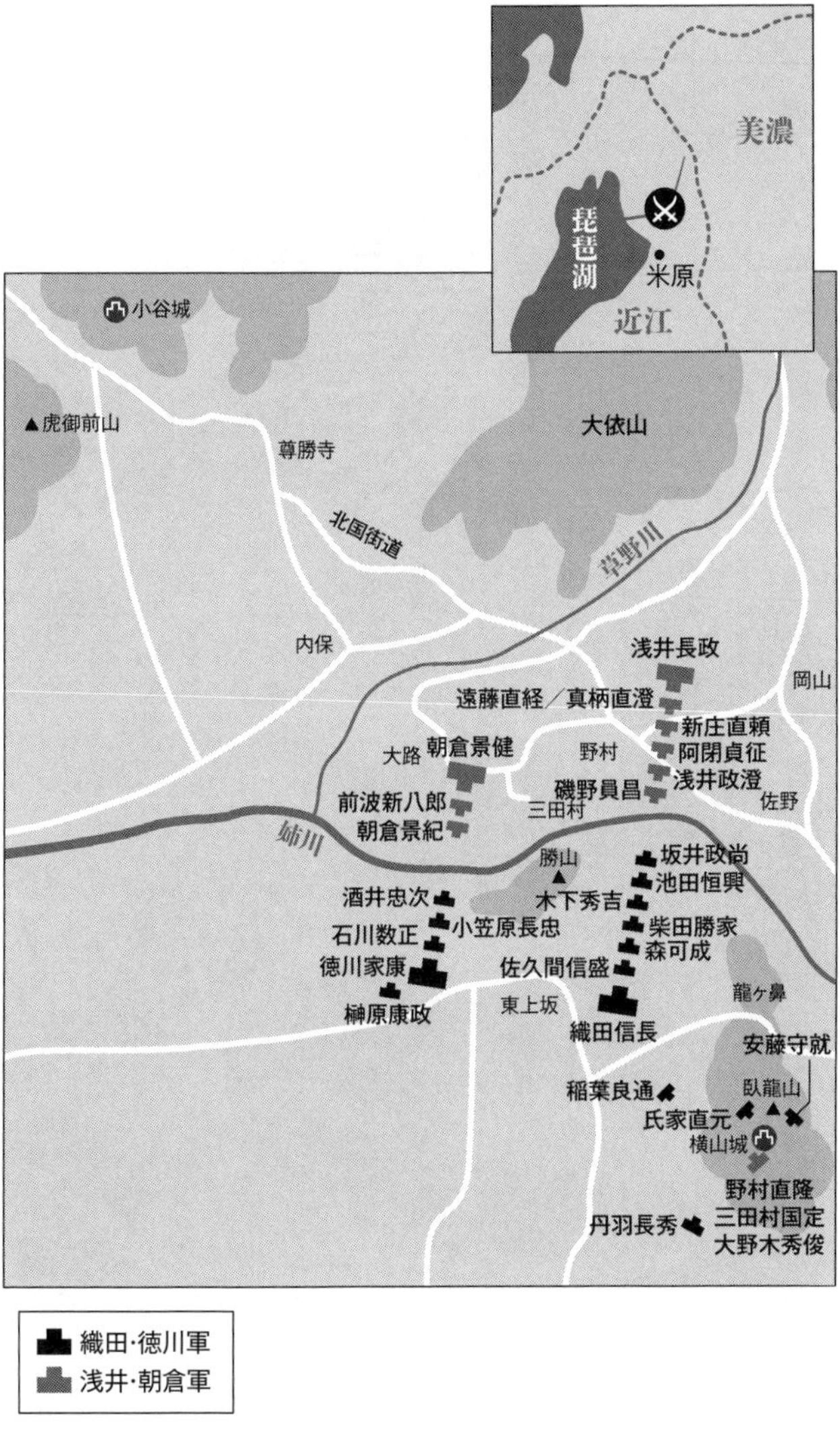

※小学館刊行『日本大百科全書（ニッポニカ）』掲載の図版等を参照

浅井長政（『太平記英勇伝』東京都立中央図書館蔵）**とお市**（福井市）・**お江**（東京大学史料編纂所所蔵・模写）
長政（右上）とお市（左下）の三女であるお江（右下）。お江と二番目の夫・秀勝（豊臣秀吉の養子）との間に生まれた完子は、公家の九条忠栄（のちの幸家）に嫁いだ。忠栄次男の九条道房の家系が大正天皇の妃となった貞明皇后につながる。すなわち、今上天皇はお江、浅井家の血を受け継いでいる。

ヶ原で磔《はりつけ》となっている。

信長は戦後処理をすませると、北近江の旧浅井領の、ほぼ全域を秀吉に与えた。のちの石高にして、十二万石ほどである。

「江北浅井跡一職進退《いっしきしんたい》」と『信長公記《しんちょうこうき》』には述べられていた。

お市母娘を救出したことによる、今次合戦の、最大の褒賞《ほうしょう》であったといってよい。

軍功とともに、「羽柴《はしば》」を名乗ることになった秀吉は、この時点で信長構想における、長政の位置を確保した、といえるかもしれない。

それにしても、歴史の可能性を思わせる、長政の決断は残念な結果となった。が、すべての責任を久政—長政父子に負わせることもできまい。

せめてもの慰《なぐさ》めは、その血が、長政の娘三人を経て、豊臣家と徳川家、さらには天皇家にも受け継がれることとなった史実であろう。

これをもって、瞑《めい》すべしかもしれないが、〝委任一ならざる〟は承継の教訓といえるに相違ない。

父は異数の経歴者

「末大《まつだい》なれば必ず折《お》れ、尾大《びだい》なれば掉《ふる》わず」

「五経」の一《いっ》・『春秋左氏伝《しゅんじゅうさしでん》』（略して『左伝《さでん》』）の名言である。

樹木の末の枝葉が大きくなり、反して幹《みき》が弱いと、その枝は必ず折れる。また、獣《けもの》の身体が小さくて、尾ばかりが不釣合《ふつりあい》に大きいと、その尾を振るうことはできない、との意となる。

普通は、陪臣《ばいしん》の力が強くなれば、その国の王の力は弱くなり、国は敗亡するとの例として使われてきた。

「尾大掉わず」という言葉の出典でもある。

だが、この名言は主君と家臣の関係であるとともに、家臣としていかに生き残るべきか、についても秘《ひそ》やかに語っているようにも思われる。

――一つの逸話があった。

徳川家康が豊臣秀吉によって関東へ移封されたあと、まだ豊臣政権がつづいていた頃のこと。

よもやま話の席上で、本気とも冗談ともつかない問いかけを、家康が家臣たちに発したことがあった。

「力ずくで、どの辺りまで攻めこめようか――」

対豊臣戦＝上洛戦の、可能性について問うたのである。

「――美濃《みの》関ヶ原までは押し切れましょう。何ぶんにも、東海道筋は勝手知ったる土地。しかもこの方面の大名たちは、戦《いくさ》働きの得意な者は多ございますが、それを束《たば》ねる大器の者がおりませぬ」

「いやいや、中村一氏《なかむらかずうじ》どのはなかなかの名将。それに堀尾帯刀先生《ほりおたてわきせんじょう》（吉晴《よしはる》）も豊家《ほうけ》きっての功多き老練の将――とてもとても、浜松城は落とせますまい」

雑談だけに口も軽く、多くの者から意見が出た。ところが、本多正信《ほんだまさのぶ》だけは、ついに口を開こうとしなかった。家康の懐 刀《ふところがたな》といわれる謀臣である。

●本多家系図

気づいた家康が正信に目をやると、彼はさりげなく、周囲の者に気取《けど》られぬように首を左右に振る。

（我らは箱根も越えられますまい）

その表情は厳しく語っていた。家康は沈黙したままで、うなずき返したという。

前述したように秀吉の対家康包囲網は、前面よりもむしろ後背に仕掛けがあったのである。関東の北方には、名将・蒲生氏郷《がもううじさと》がいた。何しろ彼は家康のみならず、伊達政宗、上杉景勝の三人をがっしりと押さえこんでいた。もし氏郷が四十歳で病没しなければ、関ヶ原の戦いはあり得なかったであろう。

この対徳川政策の凄《すご》さに気がついていたのは、徳川家にあって家康と正信の二人だけであった。家康はこの謀臣を朋友《ほうゆう》のように扱い、周囲にはこうした二人の関係が「君臣の間、水魚のごとし」と映ったようだ。

だが、正信にはその関係にそぐわない、あまりにも暗い過去があった。あろうことか、彼は主君・家康の生命《いのち》を狙《ねら》ったのである。

天文七年（一五三八）生まれの正信は、家康より四歳の年上。三河の出身ではあったが、家は貧しく、若い頃は鷹匠《たかじょう》をしていたという。

その境遇が正信を、一向一揆に走らせたのであろうか。

永禄六年（一五六三）に三河で発生した、家康の家臣を二分する一向一揆において、正信は家康と対峙し、一揆方の参謀をつとめて六カ月間、大いに抗戦している。家康方についた家臣が、一揆方についた者を個別に説得して回ったおかげで、騒動はどうにか和解にいたったものの、この一揆は家康にとっては人生屈指の試練に数えられた。

抵抗した多くの家臣が、その行為を問わず、との主君の約定により、帰順する中にあって、正信はそれを認める気がなかったのか、京都へ出ると、一時期、畿内を占拠していた松永久秀のもとへ身を寄せている。この頃、二十七歳。

主殺し、大仏焼失、十三代将軍・足利義輝《あしかがよしてる》の弑虐《しいぎゃく》——梟雄《きょうゆう》の名をほしいままにした久秀ではあったが、この人物は同時に、文武に秀《ひい》でた一面も持っていた。

その久秀が正信の人となりを、次のように評したという。

「徳川の侍を多数見てきたが、多くは武勇一辺倒の輩《やから》であった。しかし、正信だけは強からず、柔らかからず、また卑《いや》しからず、世の常の人ではないであろうと思った」（新井白石《あらいはくせき》『藩翰譜《はんかんふ》』より）

〝帰り新参〟としての振る舞い

その後、正信は加賀（現・石川県南部）へ潜行し、一向一揆の将領として活躍。織田信長の北陸方面軍（主将・柴田勝家）により、門徒の勢力が衰亡すると、越後をはじめ諸国を流浪したが、旧知の大久《おおく》保《ぼ》忠世《ただよ》（彦左衛門《ひこざえもん》の実兄）の執《と》り成《な》しにより、再び徳川家へ帰参がかなった。

一説に天正十年（一五八二）のことといい、そうであるならば、正信はこのとき四十五歳になっていたはずだ。

〝帰り新参〟として、「今頃、何をしに——」と周囲の冷たい視線に晒《さら》され、きわめて居心地の悪い環境の中、正信には華々しい合戦における武功は、皆目、伝えられていない。

彼の存在が大きく知られるようになるのは、武田家滅亡と本能寺の変のあった前後からのことであるらしい。

とくに本能寺の変のおり、いち早く情勢を把握し、泉州堺《さかい》（現・大阪府堺市）にあった主君家康を、三河へ脱出させた手際《てぎわ》＝功績は大きかった。

帰路の途中で待ち構える土豪たちを買収し、伊賀《いが》越えを断行して成功させた手腕は、「これより徳川（家康）殿の御覚え大方ならず、常に御側に伺候《しこう》して軍国の議にあずかる」（『藩翰譜』）との機縁となった。

一方で徳川家のナンバー2・酒井忠次《さかいただつぐ》の隠居、ナンバー3・石川数正《いしかわかずまさ》の豊臣方への出奔《しゅっぽん》と、家康の家中の苦しい事情も重なり、正信は帷幄《いあく》の謀臣としての地位を得る。

彼には他の家臣にはない諸国遍歴《へんれき》の体験、その中で磨きあげた情勢分析能力、判断力があった。また、それらから導き出すスケールの大きな着想力、深慮遠謀の術策にもめぐまれていた、といえそうだ。

たとえば、朝鮮出兵を豊臣秀吉が決断したとき、正信は関東を留守にできない、との家康の発言を導き出し、徳川家の軍事力を温存させ、その先にある天下取りを瞬時に計算している。

また、秀吉の死後、石田三成をはじめとする豊臣家の文治派官僚に、加藤清正《かとうきよまさ》、福島正則《ふくしままさのり》といった秀吉子飼いの武断派大名が対立抗争を仕掛け、三成が窮地に立たされたおりも、

「今、三成を殺すのは得策ではありませぬ。三成を助けて挙兵の機会をつくらせ、敵と味方の峻別《しゅんべつ》をおこない、一大決戦で雌雄《しゆう》を決するべきでございましょう」（湯浅常山《ゆあさじょうざん》『常山紀談《じょうざんきだん》』より）

と家康へ進言。正信が関ヶ原の戦いを演出した、といえなくもなかった。

三成を助けて反徳川陣営の大名を明らかにし、正面からこれらの勢力を一戦で粉砕することができれば、結果として家康の天下取りが早くすむことを、正信はいち早く計算していたのである。

家康と同格の五大老を、各個撃破していくという家康の当初の構想も、正信の立案によるものであったろう。

彼には碁《ご》や将棋《しょうぎ》の名人が、何十手も先を読むのと同様の、先の先までを見通せる眼力があったようだ。

家康と並び、豊臣政権で重きをなした前田利家《まえだとしいえ》――その後継者である利長《としなが》が、秀吉の死後、天下取りの野心をあらわにした家康打倒に立ちあがる、との計画が、増田長盛《ましたながもり》や長束正家《なつかまさいえ》ら五奉行から家康のもとへ、告発されたことがあった。家康はこれについても、正信に意見を求めている。

正信は先代の利家と異なり、利長では前田家全軍を動かせないこと、家中の意見も割れるであろうことなどをあげ、圧力をかければ無条件に降伏するとの読みを語った。

家康も同意見であり、事実、前田家は利家の正室で、利長の母にあたる芳春院《ほうしゅんいん》（まつ）を江戸へ人質に送り、家康に自らの無実を訴えた。つまり、無条件降伏したわけである。

次に五大老の一・上杉景勝の征伐を標榜《ひょうぼう》し、軍勢を北へ向ければ、かならず三成が挙兵するとの作戦も、正信と家康の合作によるものであった。西軍加担の諸将に、寝返りを説く工作をおこなったのも正信の謀略。

関ヶ原の戦いに勝利した家康は、三年後の慶長八年（一六〇三）に征夷大将軍の宣下《せんげ》を受け、江戸に幕府を開いた。

残るは名目上の主人・豊臣秀頼《ひでより》の始末。家康と正信の主従は、誅《ちゅう》すべき罪なくして、秀頼を討てないことは心得ていた。

さて、どうするか。このとき家康は六十二、正信は六十六歳になっていた。

父と子の役割分担

主従は短兵急《たんぺいきゅう》をいましめ、二年後、家康の子・秀忠を二代将軍に据え、徳川幕府が世襲であることを天下に明らかとし、家康は「大御所《おおごしょ》」となって駿府《すんぷ》（現・静岡県静岡市）から天下の政《まつりごと》を司《つかさど》り、正信の嗣子・正純《まさずみ》を側近に置いた。

正純は永禄八年（一五六五）生まれ、父に似て権謀術数に長《た》けていたといわれ、入れ替わるように江戸の秀忠のもとへ派遣された父・正信との連絡係にあたった。

将軍秀忠は江戸を掌握、東日本、全国とその治世の範囲を確実に広げ、家康の専任は対豊臣問題のみとなった。

思えばこの頃、正信─正純父子の権勢は、天下に並ぶもののないほど、巨大なものとなっていたことであろう。

慶長十六年（一六一一）、二条城で秀頼（十九歳）と会見した家康（七十歳）は、わが身の老齢、徳川の先行きの頼りないことを、身を持って自覚することになる。

正信は秀吉子飼いの片桐且元《かたぎりかつもと》を徳川方の家老として大坂城へ留め、巧《たく》みに且元を操《あやつ》って豊臣家の内部崩壊を進めた。

大坂城に蓄積されている無尽蔵の軍資金を減らすため、神社仏閣への寄進、改修のために金銀を湯水のごとく使わせたり、若い秀頼が女色に溺《おぼ》れるようにしむけたり、とあらゆる手立てを講じている。

家康─正信の主従は、なんとか豊臣家を無力化し、秀頼とその生母・淀殿を大坂城から他へ移して、平和裡《へいわり》に天下の推移を明らかにしたかったようだ。

しかしながら、大坂方はこれに応じず、ついに徳川方は京都東山の方広寺《ほうこうじ》の復興──その大仏殿に付随する鐘《しょうろう》楼の銘が、幕府と家康にとって不吉である、との言いがかりをつけ、大坂冬の陣へと持ちこむにいたる。

攻城戦が容易ではないと考えた主従は、当初から一日も早く和議になるように工夫し、一度《ひとたび》和議となるや、大坂城の外堀を埋めることを誓紙に明記せず、なんとなしの口約束として入れ、三の丸どころか二の丸（内堀）まで一気に埋めてしまう。

このとき、この工事奉行をつとめたのが正純であり、豊臣家から抗議を受けた正信は、大御所の風邪を理由に時間かせぎをし、あげく、自らも風邪だと開きなおり、ついで大坂城におもむいて埋めつくされた内堀を見て、

「カカル奇怪ナル事ハナシ」

などと驚いて見せるありさまであった。

愚弄《ぐろう》された豊臣方が、再度の挙兵をすることも、家康―正信主従には計算のうちであったろう。夏の陣で豊臣家は滅び、名実ともに徳川の世となった。正信は引きつづき政治に関与する。

「百姓は財の余らぬように、不足なきように治めること道なり」（自著『本佐録《ほんさろく》』より）

――彼は泰平の世への転換期を思った。

これまで戦場で活躍してきた武断派は、これからの泰平の世にはいらない存在となる。それを采配し、処分するためには、まずは己れが清廉潔白でなければならない。

いかに家康から加増を持ちかけられても、正信は、相州《そうしゆう》玉縄《たまなわ》城（現・神奈川県鎌倉市）二万二千石以上は、決して受けなかった。

家康の天下取りを助け、あえて汚れ役を演じきった正信は、幕府内の粛清《しゆくせい》を次には計画していたものの、元和二年（一六一六）四月十七日に家康がこの世を去ると、もはやこれまでとの思いがあった

ものか、同じ年の六月七日にこの世を去った。

家康七十五、正信は七十九歳。

正信の遺志は正純に受け継がれたが、この後継者には父ほどの厳しい覚悟がなかったようだ。己れの権勢が、家康と父の死によって消え失《う》せたことを自覚できず、何かあれば揚《あ》げ足を取ろうとする幕閣の多数意見を読むこともできずに、うっかり宇都宮《うつのみや》十五万五千石を拝領してしまう。

正純が失脚したのは、父の死から六年後の元和八年のこと。この世を去ったのは寛永十四年（一六三七）であり、享年は七十三であった。

思えば父に劣った、配慮の足らない後半生であったといえようか。

〈五〉加藤嘉明➡明成　槍一筋で功名を立てた急成長の功罪

苦労人タイプに多い承継の悲劇

歴史の世界に、

「名将に二代なし」

という言葉がある。が、これはいささか説明不足のように思われる。

本来、名将といっても、国家を担う力量のある人物とか、その補佐役として帷幕《いばく》にあった者、あるいは槍一筋で武功を積み重ね、認められて大名となり得た者など、さまざまな型《タイプ》が存在している。

――ただ、意外なのは、これら名将の数ある型の中でも、後継者の最も育たなかったのが、いわゆる裸一貫で功名を遂げた、苦労人の二代目たちであった。

たとえば、天正十一年（一五八三）の賤ヶ岳《しずがたけ》の合戦のおり、〝七本槍〟に数えられた武功の将たち――福島正則・脇坂安治《わきざかやすはる》・加藤嘉明《かとうよしあき》・加藤清正・平野長泰《ひらのながやす》・片桐且元・糟谷助右衛門尉《かすやすけえもんのじょう》 武則《たけのり》・桜井左吉《さくらいさきち》・石河兵助《いしこひょうすけ》（実際は以上の九名であった）のうち、子や孫で名を成した人物はついぞ出なかった。

それればかりか、徳川の世になって大名家として残り得なかった平野、糟谷、桜井、石河（賤ヶ岳で戦死）の四人を除いても、残りの人々の、家の末路は悲劇的としかいいようがない共通点を持っていた。

〃七本槍〃の中で、徳川の世を生き抜いたのは、伊予大洲《いよおおず》（現・愛知県大洲市）五万三千石を領した脇坂家のみではなかったろうか。

伊予松山二十万石を経て会津四十万石の太守に抜擢《ばってき》された加藤嘉明も、後継者の代になって、営々と築きあげてきた地位を、ことごとく失う羽目に陥《おちい》っている。

なぜ、彼はそのような目にあわなければならなかったのだろうか。

理由は幾つかあげられるが、原因の最大公約数は、次代に伝えるべき時勢を、本人が読めなかったことにつきた。

とりわけ、戦国時代から泰平の時世に移行する社会＝変革期への、見通しが立たなかったばかりに、悲劇を生んだケースが他も含め、苦労人の立身型には最も多かったように見受けられる。

一代で名を成した武将には、妙な自尊心《プライド》と頑《かたく》なさがあり、それが時勢に求められる発想の、柔軟な転換を妨《さまた》げてしまったといえるかもしれない。

●加藤家系図

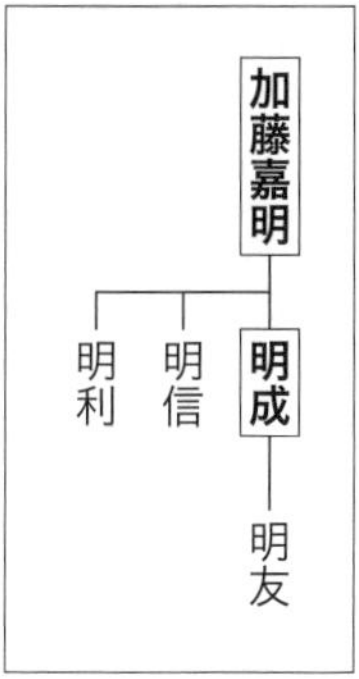

槍一筋で四十万石の大名と成り得た加藤嘉明に、次のような逸話がある。

ある人が、嘉明の無口を心配するあまり、評判がよくないようだから、今少し人々に口をきくように、と忠告したところ、当の

嘉明は、

「それがし、生来の寡黙《かもく》でござる。なんと評判されてもいたしかたない。それよりも、それがしの武辺は、いかに噂されておりましょうや」

と反問。相手が、

「武将としての器量について、非難する者はいません」

と答えるや、嘉明は莞爾《かんじ》（にっこり）と笑って、

「――武辺にかかる批判さえ聞くことがなければ、それがし、他の事柄についてなんといわれようともかまいもうさぬ」

と、上機嫌であったという。

また、嘉明は馬喰《ばくろう》の出だとの説も伝えられている。その父は三河の一向一揆に参加し、若き日の徳川家康と戦ったともいわれているが、その後、いずれの大名に仕えたかは今もって定かではない。このように出自の不明確な人物が、豊臣秀吉の織田家部将時代の長浜城で仕え、戦場働きによって大名へと、のしあがった。

後継者選択はトップの要諦

加藤嘉明という武将は、残念ながら一流の戦国武将とはいいがたい。

ただ、微賤の身から槍一筋で四十万石の大名になったのだから、やはり、それなりの〝器《うつわ》〟ではあったのであろう。

前出の天正十一年（一五八三）、賤ヶ岳の合戦で勇名を馳《は》せ、五千石を知行。合戦ごとに功名を顕《あら》わし、伊予松前《まさき》（現・愛媛県伊予郡松前町）で十万石を領有した。

秀吉の没後は機敏に天下の情勢を判断し、関ヶ原の合戦では東軍側について、論功行賞によって二十万石の大名となった。

現存する松山城は、このおりに嘉明が築いた城である。

やがて寛永四年（一六二七）、会津若松六十万石の蒲生忠郷《がもうただなと》（氏郷の孫）が死去。嗣子がなかったために、封土は収公。嘉明はそのあとを襲って、一躍、領土を倍加し、東北鎮護の要地をまかされることとなった。

嘉明自身はそれまでの武功一辺倒の生き方を、急には改められなかったのだから、東北雄藩の藩主とし、次代を担う後継者に対して、新しい時代へ即応する教育を授けるべきであったろう。

あるいは、師を天下に求めてもいい。

ところが、嘉明は、ついぞ、そうした当然の配慮をしなかったように思われる。

寛永八年九月十二日、嘉明は六十九歳で死去すると、嫡男の式部少輔明成《しきぶしょうあきなり》が家督を継いだ。三男の民部少輔明利《あきとし》は別に、三春《みはる》（現・福島県田村郡三春町）三万石を立てている。次男の監物明信《けんもつあきのぶ》には、長兄の補佐たるべく家老＝「老中諸奉行」の地位《ポスト》を用意していた。

企業にあてはめれば、長男を代表取締役社長に就任させ、三男を関連会社の社長に、実権を一族で占有する目的もあって、次男を常務取締役にしたようなものであろう。

外形上も領国経営のうえからも、嘉明のとった措置《そち》は、定石《じょうせき》通りといえる。

ただ、惜しむらくは、肝心の〝後継者〟たちの中身が育っていなかった。

二代目・明成の資質とその補佐役の次男・明信の器量を、嘉明は洞察力をもってはたしてどこまで見ていたのか、疑問が今に残る。

たとえば、新藩主の明成には、〝一歩《いちぶ》殿〟という奇妙な徒名《あだな》があった。

「明成は闇将（暗君）にて武備を守らず、唯《ただ》、金銀・珍器を好み、臣庶国民（領民）の困窮を顧みず」

（『古今武家盛衰記』）

金銀財貨に貪欲《どんよく》な人であり、家臣の知行や百姓の年貢に利息を付し、商人に過酷な運上金を課して、その生活行動は少なからず常軌を逸したものがあったようだ。

当然のことながら、藩内での明成の評判は悪く、苦情はあとを絶たなかった。身内の弟・明信が諫《いさ》めるべきであったろうが、この人が諫言《かんげん》した、と思われる史料は見あたらない。

ここに、老臣の筆頭・堀主水《ほりもんど》が登場する。

嘉明をトップとすれば、まぎれもないナンバー2。三千石を知行する主水は、企業ならさしずめ副社長か専務取締役にあたろうか。

先代とともに、戦国を生き抜いた歴戦の老兵《つわもの》であった。

見識においても、現実処理能力の点においても、おそらく藩内随一の出来物《できぶつ》であったろう。主水は再三、藩主の明成を諫めた痕跡《こんせき》がある。

しかし、思いあがった驕慢児《きょうまんじ》——若い二代目は、この老臣の言を用いなかった。そればかりか、主水の存在を煙たがる。

明成の生涯を見ると、どうもこの人物は教養の乏《とぼ》しい、劣悪な大名であったようだ。

父親が兵馬の間に東奔西走していたのをいいことに、かなり甘やかされて育っていたようだ。そのためか、感情の起伏が激しく、逆上すれば自己制御がきかない。主水に憎悪《ぞうお》の念を隠さない明成は、老臣の面目を家臣の面前で辱《はずかし》めることも幾度かあった。

——主水は、暗君明成への対応の仕方を変えるべきであったろう。

明成のもつ憎悪感を取り除くべく、柔軟な工夫をするのも首席家老のつとめであったはずだ、といえなくもない。

ところが、主水は戦国生き残りの武人であった。

ナンバー2の反乱

主水は折れるよりは、この軽薄な二代目を屈服させてやろうと、力の論理に出てしまう。ついに両者は、あと戻りのできない感情をぶつけ合ってしまった。

当時はまだ、「君君たらずとも臣は臣」の儒学華やかなりし時代には入ってない。

「暗愚の明成、以《もっ》て主君とするに足らず」

憤懣《ふんまん》やるかたない主水は、弟二人に一族郎党ことごとくを引きつれ、白昼堂々、無断で会津城下からの立ち退《の》きを決行した。

しかも途中で行列を止めると、百挺の鉄砲を若松城へ向けて、一斉にぶっ放し、闇川橋《くらかわ》を渡ると橋上に薪《まき》を積み、橋を焼き払った。追っ手を防ぐ処置であろう。関所も、武器を楯《たて》にして押し通るありさまであった。

このとき明成は江戸にいたが、己れの激する感情を止めることができなかった。

加藤家の悲劇は、この期《ご》に及んで主君明成を諫止《かんし》する人物の出なかったことにはじまる。三弟の「老中諸奉行」の監物明信は、何をしていたのだろうか。

まもなく、鎌倉に出た主水の一行は、妻子を尼寺の東慶寺《とうけいじ》（現・神奈川県鎌倉市）に預けると、三兄弟して高野山《こうやさん》の文珠院《もんじゆいん》に身を寄せた。

それを知った明成は、ただちに使いを出し、主水たちの引き渡しを迫ったが、高野山はこれを拒絶する。

窮鳥懐《きゅうちょうふところ》に入る――であったろう。ところが……。

「式部少輔殿の憤り強く、剰《あまつさ》へ四十万石に替えてもこれある程《ほど》の事に候へば」(『会津先封物語』)

主水の生命《いのち》と四十万石を引きかえてもと、幕府へ願書を提出した。身の危険を感じた主水は、逆に明成の悪行二十一カ条を携えて、幕府に直訴《じきそ》して出る。

寛永十八年(一六四二)三月十五日のことであった。

問題の訴状には、加藤家改易の条件にあてはまる事項だけで、五カ条も列記されていた。

一、明成はかつて、大坂城の豊臣秀頼に内通したことがある。

一、大坂落城のおり、明成は落涙し、さらに剃髪《ていはつ》までして太閤《たいこう》(秀吉)の恩顧をしのんだ。

一、将士を教練し、軍備を整えている。

一、城を幕府に無届けのまま改築した。

一、国境付近を警戒し、新規に関所を設けようとしている。

内容はきわめて重大事であり、ましてや訴状の主《ぬし》が主席家老をつとめていた者とあっては、幕府も無視することはできない。

それにしても明成は、これほどまで主水を追い詰めた己れの性癖を、どのように反省したであろうか。おそらくは、一考すらしなかったに違いない。

六日ののち、三代将軍・徳川家光《いえみつ》は、主水の訴状については、非のすべてが家臣たる主水にある、との裁断を下した。

主君に対する絶対服従こそ、徳川幕府存続の基本条件なのだから、将軍家光の裁断は当然の結果ともいえた。

結局、三月十五日に主水ら兄弟は処刑されたが、明成の暴走し出した感情は、堀一族の徹底的掃滅、根絶やしに向けられ、毫《ごう》も妥協《だきょう》するつもりがなかったようだ。

鎌倉の東慶寺に強引に押し入り、主水兄弟の妻子を召し捕《めと》って処刑してしまった。

明成の腹は、これでようやく癒《い》えた。

ところが、今度は東慶寺がおさまらない。

明成の暴挙を、幕府へ訴え出たのである。この寺は俗に、〝縁切寺《えんきりでら》〟とも呼ばれる婦女子の駆けこみ寺で、何人《なにびと》といえども、彼女らを捕らえられない仕来《しきたり》となっていた。それを破られては、沽券《こけん》（体面）にかかわる、と黙っていられなかったのだろう。

ときの東慶寺住職は、故豊臣秀頼の息女であり、家康の孫・千姫《せんひめ》を養母とする天秀《てんしゅう》尼《に》であった。

幕府は機を移さず、明成の罪数カ条をもって、ついには寛永二十年五月、

「病軀《びょうく》、大藩の任に堪《た》えず」

と明成自らに封土返納を願い出させ、会津藩の領国返還を実行させている。

もっとも幕府は、先代嘉明の功績を考慮し、かつ明成の妻女が将軍家光の異母弟・保科正之《ほしなまさゆき》の娘であったことから、

「子息あらば言上《ごんじょう》せよ、家名を立つようにとの思召《おぼしめ》しあり」

と伝えたが、明成はこの申し出をあえて受けなかった。明成にとっては、最後の抵抗、虚勢であったのかもしれない。

そのために、会津藩加藤家は解体してしまった。家臣団は失業手当（百石に銀五枚）を与えられて、領内を去った。

孤影悄然《こえいしょうぜん》――明成は剃髪して「休意《きゅうい》」と号し、嫡子の内蔵助明友《くらのすけあきとも》が幕府から下された〝捨て扶持《ぶち》〟ともいうべき石見国吉永藩《いわみ よしなが》（現・島根県大田市《おおだ》）一万石に移って、余生を送り、寛文《かんぶん》元年（一六六一）正月に七十歳で没した。

明成は晩年にいたるも、会津藩加藤家について語ることも、その旧臣たちを思い起こすことも、皆無であったという。

おわりに

本書を執筆するにあたっては、実に多くの先学諸氏の研究成果を参考にさせていただいた。この場を借りてお礼を申しあげたい。また、原出典については可能なかぎり、本文の中に入れている。

最後になりましたが、本書刊行の機会をいただいた株式会社エムディエヌコーポレーションのノンフィクション編集部・シニアデスクの松森敦史氏に、心よりお礼を申し述べます。

加来耕三

令和五年新春吉日　東京・練馬の羽沢にて

MdN新書
045

大《おお》御《ご》所《しょ》の後《こう》継《けい》者《しゃ》問《もん》題《だい》

2023年2月11日　初版第1刷発行

著　者　加《か》来《く》耕三《こうぞう》

発行人　山口康夫

発　行　株式会社エムディエヌコーポレーション
〒101-0051　東京都千代田区神田神保町一丁目105番地
https://books.MdN.co.jp/

発　売　株式会社インプレス
〒101-0051　東京都千代田区神田神保町一丁目105番地

装丁者　前橋隆道

DTP　アルファヴィル

印刷・製本　中央精版印刷株式会社

カスタマーセンター
万一、落丁・乱丁などがございましたら、送料小社負担にてお取り替えいたします。
お手数ですが、カスタマーセンターまでご返送ください。

落丁・乱丁本などのご返送先
〒101-0051　東京都千代田区神田神保町一丁目105番地
株式会社エムディエヌコーポレーション　カスタマーセンター　TEL：03-4334-2915

書店・販売店のご注文受付
株式会社インプレス　受注センター　TEL：048-449-8040 ／ FAX：048-449-8041

内容に関するお問い合わせ先
株式会社エムディエヌコーポレーション　カスタマーセンターメール窓口 info@MdN.co.jp
本書の内容に関するご質問は、Eメールのみの受付となります。メールの件名は
「大御所の後継者問題 質問係」としてください。電話やFAX、郵便でのご質問にはお答えできません。

Senior Editor 木村健一　Editor 松森敦史

ISBN978-4-295-20502-9　C0221

MdN新書
日本史

都市計画家　徳川家康
天下人の地形利用術。江戸には選ばれる理由があった
谷口　榮

将軍の日本史
歴史を変える将軍。武士の世七〇〇年がわかる征夷大将軍総覧
榎本　秋

江戸のお勘定
江戸のかけ蕎麦は480円！　物価から見える江戸っ子の暮らしぶり
大石　学　監修

ナンバー2の日本史
摂政、関白、管領、老中……主役を操る陰の実力者たち
榎本　秋

江戸の給与明細
貧乏侍の年収四十万円！　武士と庶民の給与大百科
安藤優一郎　監修